Happiness Psychology

幸福心理学

主　编◎张　璟　董圣鸿
副主编◎王敬群　李　洁　熊红星

北京师范大学出版集团
BEIJING NORMAL UNIVERSITY PUBLISHING GROUP
北京师范大学出版社

图书在版编目(CIP)数据

幸福心理学/张璟，董圣鸿主编.—北京：北京师范大学出版社，2018.1(2025.1重印)

ISBN 978-7-303-23297-0

Ⅰ.①幸… Ⅱ.①张…②董… Ⅲ.①幸福－应用心理学－高等学校－教材 Ⅳ.①B84

中国版本图书馆CIP数据核字(2018)第003204号

XINGFU XINLIXUE

出版发行：北京师范大学出版社 https://www.bnupg.com
北京市西城区新街口外大街12-3号
邮政编码：100088

印　　刷：三河市兴达印务有限公司
经　　销：全国新华书店
开　　本：710 mm×1000 mm　1/16
印　　张：12.75
字　　数：250千字
版　　次：2018年1月第1版
印　　次：2025年1月第11次印刷
定　　价：49.00元

策划编辑：何　琳　　　　责任编辑：董洪伟　王新焕　陈　倩
美术编辑：焦　丽　李向昕　　装帧设计：焦　丽　尚世视觉
责任校对：陈　民　　　　责任印制：马　洁

前言

幸福从来都是一个重要的主题。它是哲学、伦理学、经济学、社会学的中心问题。人文知识的基本问题不是真理问题，而是幸福问题。幸福又是人们孜孜以求的重要目标。人类的发展史就是一部对幸福的追求史，就是一部通过追求幸福而不断探究人的存在意义、存在方式、存在内容的反思史。为人民谋幸福是国家和执政党的重要使命。习近平同志在党的十九大报告中指出："中国共产党人的初心和使命，就是为中国人民谋幸福，为中华民族谋复兴。"

长期以来，人们一直认为收入的增加会相应带来幸福感的增加。传统的经济学也认为，财富的增加给了人们更多选择，人们因此会感到更幸福。但是，越来越多的研究表明，财富的增加并不一定能有效地增加人们的幸福感。尽管在近几十年当中，西方国家的人均收入一直在大幅增长，但是人们平均的幸福水平实际上并没有实质性的提高，甚至在某些时间段内还有所下降。在2016年全球GDP(国内生产总值)排名中，我国GDP总量达到了全球第二。在2017年的GDP排名预测中，我国也能稳居第二。财富的增长，的确让我国广大民众的幸福感较以前有了长足的进步。然而，GDP不等于国民幸福。在2017年联合国发布的《世界幸福指数报告》中，我国的幸福指数仅排第79位。由此看来，小到个人，光有钱，不一定能达到幸福；大到一个国家，仅仅GDP高，不代表人民就幸福了。

大量的经济学和心理学研究表明，幸福受到财富之外的大量因素的影响。追求幸福不等于追求物质财富。追求幸福，是要有方法的。于是幸福课程和书籍顺势而生。

2006年，哈佛大学的幸福课一经出现便迅速吸引了世界各地媒体的关注，幸福课的推广也由高校向中小学蔓延。美国的霍姆伍德高中开设了积极心理学七天入门的课程；英国顶尖中学惠灵顿公学也视幸福课为一项重要课程。诸如《幸福的方法》《持续的幸福》《真实的幸福》等一批优秀的相关专著也广为流传。但这些课程和书籍在我国大学生当中使用，仍然存在文化上的适应问题。

我国当代的大学生是社会群体的一部分，他们是国家的希望，是未来社会的中坚力量，他们的幸福感及对幸福的追求，关系到自身的幸福，也关系到国民的整体幸福。幸福不是有钱后才有的，也不是成名后才有的。幸福追求需要有正确的方法，幸福是在不断追求中持续地获得的。为了帮助我们的大学生走在正确的幸福追求之路上，我们团队参考了国外优秀课程和专著的内容及形式，参考了幸福心理学和积极心理学方面的一些前沿研究与实践，结合我们自己正在讲授的"幸福心理学"课程，编写了这本《幸福心理学》。希望它既能达到一定高度，代表前沿，又能符合我国大学生实际。

本书以"幸福是快乐与意义的结合"这一主题开篇，接着介绍如何追求快乐，如何让自己的生活更有意义，然后从影响幸福的诸因素出发，带领大学生走在正确追求幸福的道路上。本书中涉及的与幸福有关的因素有：自我接纳、目标与自我成长、人际关系、浪漫关系、环境掌控与时间管理、积极人格、利他等。

要引领大学生走在正确追求幸福之路上，一味地传递幸福知识肯定是达不到目标的。根据我们团队在幸福心理学课上的授课经验，将大学生幸福课设计为一门实践性强的活动课，能够较好地达到帮助大学生"掌握幸福的方法，体验持续的幸福"的目标。因此，本书按活动课的模式设计。每章以"开启幸福"模块开始，通过一些生动的案例、故事、测试或活动，把大家引入相关主题；以"幸福秘笈"模块紧接其后，介绍相关的幸福原理和方法；接着通过"幸福行动"模块的练习、实践操作，让大家用实际行动来掌握幸福的方法，体验持续的幸福，达到积极的改变；最后设置了"超级链接"模块，供感兴趣的读者深入了解相应的幸福主题。

参与编写本书的人员有：熊红星(第一章、第五章)、罗蓉(第二章)、李毕琴(第三章)、王青华(第四章)、张璟(第六章)、王敬群(第七章)、李洁(第八章)、周双珠(第九章)、李小山(第十章)。2023年，从整体内容上，我们按《习近平新时代中国特色社会主义思想进课程教材指南》和党的二十大报告对教材工作的要求进行了修订。

限于我们的能力，本书可能存在诸多不足之处，希望广大读者提出宝贵意见。我们将十分珍视这些意见，并将在以后的修订过程中不断改进和完善。同时，我们团队还会通过不断地吸收最前沿的研究成果，总结教学实践中的经验和教训等方式，使本书的质量不断提升。

对幸福的追求，大家可能都在路上；对一本好的幸福心理学著作和一堂好的幸福心理学活动课的追求，我们还在路上！诚挚地期待大家批评！

目录 CONTENTS

第一章

幸福是什么？

获得幸福的秘诀，并不在于为了追求快乐而全力以赴，而是在全力以赴之中寻出快乐。

——纪德

开启幸福

2012年，我国中央电视台曾做过一个《走基层·百姓心声》特别调查："幸福是什么？"

当时，老百姓们的回答五花八门。

有的说："幸福是过得满足。"

有的说："最幸福的是多挣钱。"

有的说："幸福就是今天可以娶着新娘回家。"

有的说："玩牌的人都幸福。"

有的说："儿子也上班了，房子也有了，挺幸福的。"

有的说："幸福就是人没有后顾之忧，生活有了保障，有养老保险，还有社会保障经济房。"

有的说："陪着我父亲逛一下长城，他最开心了，这最幸福了。"

还有的说："幸福就是，老了有个老伴，有个老窝，还有个劳保，一天互相宽容着，搀扶着。"

在被人追问"你幸福吗"时，莫言干脆地回答说："我不知道，我从来不考虑这个问题。"

"我现在压力很大，忧虑重重，能幸福么？"莫言说，"我要说不幸福，那也太装了吧。刚得诺贝尔奖能说不幸福吗？"

当记者问"你幸福吗"时，一位清徐县北营村务工人员说："我姓曾。"

这段有点"黑色幽默"的问答播出后迅速走红网络，也使得央视的幸福感调查节目遭遇褒贬两极评价。

当然，作为专业人士我们清楚，一个调查，只是把大家的想法原始地展现出来，肯定是得不到可推广性的结论的。不过，"你幸福吗"的提问调查是值得点赞的，因为这的确是一个非常非常重要的问题。

从央视调查结果看，人们所认为的幸福就是物质上的需要得到满足，有玩，有伴侣等。这些都是从需要满足角度讲的，它符合心理学早期论幸福的一种观点：幸福即生活满意度高。但是这个说法早已为后来的心理学家们所改进。

幸福秘笈

幸福到底是什么？ 是一种情绪，就像快乐一样，还是没有痛苦？快乐、狂喜、满足，这些字眼经常被作为幸福的代名词，但是它们都不符合现代心理学对幸福的理解。 这些情绪上的东西会像时间一样飞逝，它们给人的感觉很好，但是却无法成为衡量幸福的标准，更不能成为幸福的支柱。 真正的幸福不应该是绝对没有不良的情绪，而应该是经得起困难和挫折的考验。

目前学术界关于幸福的定义非常多，在此不一一列举，仅给大家展示目前最受大家认同的幸福观点，即泰勒·本-沙哈尔（Tal Ben-Shahar）的幸福观点。 本-沙哈尔认为（2013），“幸福”应该是快乐与意义的结合。 真正快乐的人，会在自己觉得有意义的生活方式里享受它的点点滴滴。 这种解释绝不仅仅限于生命里的某些时刻，而是人生的全过程。 即使有时经历痛苦，人在总体上仍然可以是幸福的。

快乐代表现在的美好时光，属于当前的利益；意义则来自目的，一种未来的利益。 简言之，幸福就是快乐加意义。 现在我们解析一下快乐和意义。

一　幸福是一种快乐感受

快乐是一种情感。

情感，在我们所有的追求中扮演着一个关键的角色。 很难想象一个缺乏情感的生命是什么样子。 假设有一个机器人，除了没有情感之外，和人类一模一样，想法与行为毫无二致。 它可以研究深奥的哲学，也可以推演复杂的逻辑，甚至还懂得建筑工程。 这个机器人虽然精细无比，但是没有表达能力，不能表达情感。 机器人感觉不到食物的美味或是想去吃东西的需要，它也感觉不到挨饿的痛苦或是任何满足感。 声望、财富和爱情等对它而言仍然毫无意义。

试问，有谁愿意成为这样的机器人吗？ 显然大家都不愿意。

情感对于人有多重要呢？ 情感把我们带入了有渴望和欲望的世界，给了我们一种动机，促使我们行动。 神经病学家安东尼奥 · 戴姆西奥（Antonio Damsio）在记录他的一个切除脑瘤的病人的时候，提供了一个情绪与动机关系的真实案例。 手术后，这名叫埃利奥特（Eliot）的病人的认知能力——记忆、数学能力、感性知觉以及语言能力都没问题。 但是在手术中，埃利奥特的情感思维能力却受到伤害。 这时，埃利奥特的情况和之前所说的机器人相似，他有着和其他人一样的生理基础，认知功能也没有差异，但其“感受和情感”系统却受到了损害（柳博米尔斯基，2014）。

埃利奥特的生活从此发生了巨大的变化。 在手术前，他是一个成功的律师，拥有幸福的婚姻生活，但是手术后，他的行为让周围所有人都无法接受：冷漠，没有任何情感的表达，没有渴望，没有工作的动力。 他的妻子离开了他，他也失去了工作，而且很长时间内无法找到新的工作。 最让人震惊的是，他变得对这一切都无动于衷。

所以，如果我们丧失情感，并因此失去行为的动机，我们将不再对生活心存任何渴望，我们将对自己的行为与想法及其后果漠不关心。

当然，光有情感是不够的，如果要幸福，我们就必须体验积极的情绪或情感，因为快乐是满意生活的先决条件。 心理学家纳撒尼尔 · 布兰登（Nathaniel Branden）曾说，快乐不是奢侈品，而是一种深层次的心理需要。 在完全没有快乐且频繁感受痛苦的生活中，几乎没有幸福可言。

我们需要快乐，那幸福是不是一直快乐呢？ 答案是否定的。 幸福的人同样会经历情绪上的起伏，经历生命中因失败或失去导致的悲伤。 事实上，期盼无时无刻的快乐只会带来失望和不满，并最终导致负面情绪的产生。 虽然幸福的人也会经历各种负面情绪，但他们会在整体上保持一种积极的人生态度，尽管经历愤怒或内疚等负面情绪，但不会为之所控制。 对他们而言，快乐是常态，而痛苦只是小插曲。

关于快乐，还有一个重要的问题是：人快乐了就能幸福吗？那些吸毒的人，还有那些整天躺在沙滩上晒太阳的人，他们真的幸福吗？答案是否定的。积极的情绪体验是幸福的必要但非充分条件。

所以对于幸福而言，仅有快乐是不够的，还需要有另一个重要的成分，那就是意义。

二 幸福是一种有意义的快乐

哲学家罗伯特 · 诺齐克（Robert Nozick）在《无政府、国家与乌托邦》

（*Anarchy*，*State*，*and Utopia*）中描述了一个假想的实验，帮助我们区分幸福与纵欲带来的快乐。让我们想象有这样一部快乐机器，它可以让我们感受到任何我们期望的快感，而且做到像是真的一样。你会选择一辈子都靠着这部机器来让自己感到幸福吗？我想大部分人不会选择它。如果选择它，跟通过毒品、酒精、性等手段来逃避情感有什么区别？

事实上人们需要的不仅仅是快感而已，更需要这种快感的来源是有意义的。人们总想证明自己的行为能够改变世界。人类和动物的区别除了人可以思考和反思之外，另一区别是，人类是有灵性的。牛津英文辞典中把灵性定义为“真切地感受到事件的意义”。人需要感受事件的意义，过着有灵性的生活。

那做什么事，人才会感受到意义呢？一般来讲，通过从事某些超越自我的事情，人们就能体验到意义感。如果可以证明自己的行为能够改变世界，人们就会觉得自己是有价值的。伯特兰·罗素（Bertrand Russell）说过：“真正令人满意的幸福总是伴随着充分发挥自身的才能来改变世界。”

对于不同的人而言，有意义的事是相同的吗？当然不是，因为每个人都有自己的价值和爱好，所以不同的人会在不同的事情里找到意义。“真我的呼唤”随时都有可能出现。在创业、做义工、抚养子女、行医，甚至做家具的过程中，人们会找到各自的意义，觉得自己为世界变得更美好做出了贡献。

因为发挥了自己的才能，要做超越自我的事情，人们更能体验到意义感，所以意义感的体验不仅与当前相关，更涉及人们对未来事件的期望。人们总是希望未来自己能做到一些符合自己价值和爱好，又能充分发挥自己才能的事，这些未来的事就是人们发自内心想达到的目标。当我们有这种目标感时，那种感觉就像是听到了“真我的呼唤”，即使命感。就像乔治·伯纳德·肖（George Bernard Shaw）所说：“这才是生命的喜悦，那种为了源自真我的目标而奋斗的感觉。”

所以说，真正快乐的人，会在自己觉得有意义的生活方式里享受它的点点滴滴。这就是目前大家比较认同的幸福的定义。它能比较好地解决诸如央视幸福感调查中受访者关于幸福的种种问题。因为生活满足不能解决意义问题。同时，它也能很好地帮助大家进入一个比较好的追求幸福的轨道上来。既关注快乐的感觉，又注重快乐来源的意义，注重生存的意义；既关注当下的快乐与美好，又关注未来的利益，过着有灵性的生活。

三 幸福的影响因素

根据以上幸福的定义，我们来解释以下问题。

1. 有钱会更幸福吗？

“如果我有……，我将会多么幸福啊！”相信很多人无数次地说过这样的话。

研究者们相继做了一些调查。1995年，迪纳（Dienier）的研究发现：一个国家的国内总产值与幸福感水平之间的相关性很高；盖尔卢珀（Gallup）与英格尔哈特（Inglehart）也证实了国家的财富和生活满意度之间的确具有高相关。在世界价值调查中，研究者也发现，生活满意度的平均分数与国家购买力之间具有很强的关联性。研究表明，随着收入的增加，幸福感水平会相应提高。

有趣的是，另外一些心理学家与社会学家的研究却发现，尽管高度工业化的国家的财富奇迹般地增长，但国民的幸福感水平并没有显示出相应的变化。也就是说，在许多富裕国家中，财富的增长并没有伴随幸福感的提升，这说明经济增长与幸福感的关系并不是简单的直线关系。

温霍芬（Veenhoven）认为，经济因素对幸福感的影响受到边际递减规律的影响。当个人收入达到一定水平时，更多的金钱带来的幸福感呈递减趋势。金钱的边际效应不断下降意味着，当一个人拥有越来越多的物品时，自由和真情之类的其他需求会比以前更加弥足珍贵。收入的增加会导致人们把关注的重心从金钱问题向更加难以控制的其他社会要素转移，此时人们会更加关注自身发展以及人际关系等问题。

2. 长得好看会更幸福吗？

曾经有一个实验，让一群法律专业的学生为两名犯罪嫌疑人定罪。两名嫌疑人的罪行以及各种条件都相当，只是其中一名嫌疑人长得比较好看。结果可想而知，长得比较好看的嫌疑人被判得很轻。的确，长得好看的人会得到更多的宽容与谅解，也能获得更多的资源。那是否可以说，长得越好看，幸福感就越强呢？颜值是否影响或决定了一个人的幸福感呢？

美国美容整形外科学会（ASAPS）报告说，在美国每年进行整容手术的人越来越多。与2003年相比，2004年进行整容手术的人数增长了44个百分点。其中，肉毒素注射手术创历史新高，高达280万例；果酸换肤手术110万例；数以万计的人接受了隆胸手术、眼睑手术、吸脂手术等。绝大多数人在术后短时期内都对自己整容后的外表非常满意，感觉很幸福，但时效非常短。由此可见，通过整容获得的幸福感并不会持久。

为什么整容无法给我们带来持久的幸福呢？为什么美貌不会对幸福产生重大影响呢？这是因为当我们思考自己有多么幸福时，并不只是考虑漂亮的外表，也会参考许多其他因素。如果你问长相出众的人是否因自己的出众外表而感到幸福，他们一定会回答“是的”。但是，当问起他们的整体幸福感时，外表就不会有什么影响了，即便有也非常小。

埃德·迪耶内（Ed Diener）和他的同事们做了一系列非常出色的实验，证实了这种说法。

在实验室中，他们为一些感到幸福和不幸福的大学生志愿者拍照、录像，然后把照片和录像给一组评委看，请他们根据这些志愿者的外表来评判他们幸福与否。迪耶内对一些志愿者没有提出要求，却对另外一些志愿者提出“不做任何修饰”的要求，如不能化妆，不能佩戴任何珠宝首饰，必须戴一顶白色的浴帽盖住头发，还要穿一件实验室里的白大褂盖住自己的衣服，或者把自己藏在一块大纸板后面，只将头部从椭圆形的窟窿里露出来。

结果显示，感到幸福的人的相貌并不比其他人更漂亮。

3. 有朋友会更幸福吗？

这个问题的答案是肯定的。

1993 年，米汉（Meehan）的研究指出，获得的社会支持越多，人们的积极情感就会越多，它们之间是正相关关系。当人们面临应激性的生活事件时，可以阻止或缓解应激反应，从而增加正性情感并抑制负性情感。

良好的社会关系可以增加人们的幸福感，而劣性的社会关系则会降低人们的幸福感。众多心理学家的研究发现，稳定的、令人满意的人际关系是跨越生活空间最活跃的因素，人际关系的质量与幸福感具有强烈的、普遍性的关联。正如雨果（Hugo）所说：“生活中最大的幸福是坚信有人爱我们。”

4. 有良好的家庭与婚姻会更幸福吗？

科学家发现婚姻对幸福的影响也是短暂的。夫妇二人在婚后的前两年中幸福感会增加，之后这种幸福感就会返回到他们最初的幸福定位点上。但良好的婚姻关系对幸福的增加有益，如可以减缓生活的困境，得到情感和经济支持。这就说明，婚姻能产生积极的幸福感。

美国国家民意研究中心的调查发现，四分之三的已婚者认为自己的配偶是自己最好的朋友；五分之四的已婚者认为，如果可以再次选择伴侣的话，还会选择现在的配偶。

在二十世纪七八十年代的调查中，表示“很幸福”的已婚者占 39%，表示从未结过婚但依然“很幸福”的人有 24%，孰多孰少一目了然。许多研究显示，没有配偶陪伴的人比有伴侣的人体会到的幸福感低很多。1985 年，威妮·姆修（Wayne Musui）研究发现，从生活质量得分情况来看，已婚者要比无配偶者得分高得多。

可见良好的婚姻关系是有助提升幸福感的。

5. 成功会让人更幸福吗?

一个人的追求不同，具有的幸福感也不同。但可以肯定的是，成功带来的幸福感大多稍纵即逝，幸福其实源自内心的追求。

香港菁英会主席洪为民在“博鳌亚洲论坛 2012 年年会”上提出：成功感与幸福感应分开。他认为，成功感是要你想得到的，幸福感是享受你得到的。本-沙哈尔也提到，成功是获得幸福的一种方式，成功是手段，幸福是目标，然而大多数人本末倒置，为了追求成功牺牲了享受幸福。

6. 工作会让人更幸福吗?

工作与主观幸福感具有一定的相关性，因为它可能提供使人们发现快乐的最佳刺激和积极的社会联系，以及一种合理的社会认同和意义。调查表明，失业的人具有很低的生活满意度和较高的自杀倾向。

工作不应该与消极相联系，人们应在工作中体会到正面情绪，即使有时会感到疲累，也应该欣然接受。如果工作是自己不喜欢的，那工作将成为负面情绪和压力的来源，将导致人们长久的不幸福。

7. 有远大志向会让人更幸福吗?

迪耶内认为，不能简单地把幸福感等同于身体的快感。幸福感反映着人的价值和目标的实现程度，涉及个人生活意义的追求，它反映了超越生理的快乐和瞬息情绪，它蕴含着深刻的价值观。例如，伯伦斯坦（Brunstein）等人研究发现，动机和目标的协调可以促进幸福感的提升，动机和目标的不协调会导致幸福感水平的降低。研究者认为，目标涉及自我的定向和定位，从而影响幸福感。幸福感产生于需要的满足及目标的实现。当人们趋近并达到目标时则产生快乐，反之，目标偏离或失败则导致痛苦。生活有目标使人感到生活有意义，并产生自我效能感。同时，努力实现目标的过程能帮助人们应对各种日常生活问题，使人在社会生活和困境中保持良好状态。伯伦斯坦等人认为，当一个人能以内在价值和自主选择的方式来追求目标并达到可行程度时，幸福感才会增加，即目标必须与人的内在动机或需要相适宜，才能提高幸福感水平；而当目标与个人需要不一致时，即使达成目标也不能增加幸福感。卡瑟和瑞恩（Kesser & Ryan）认为，与自我接受、助人、爱和性等有关的内在价值目标，是天生自然需要和生长需要的表达，比美貌、名誉、金钱等外在目标对幸福的意义更大。

显然，目标是幸福感模型的调控装置，是资源与幸福感之间的调节器。目标使人感到生活有意义，通过自我效能这一中介变量影响着幸福感。成功的体验会使人们更加相信自己的能力，从而提高幸福感。人们为了实现人生目标，就必须克服一切艰难险阻，在各种困难的环境下充分发挥自己最大的功能，即使再苦再难再险，也应该是幸福的。

8. 好运会让人更幸福吗？

20 世纪 70 年代有一项非常经典的研究。当时，心理学家采访了一些幸运的人，这些人曾在美国伊利诺伊州抽中过 50 万到 100 万美元不等的彩票大奖。在中奖后的一年中，他们自称过得并不比那些没有获大奖的人更幸福。以前让他们觉得很享受的日常生活，如看电视、出去吃饭，都变得没有那么有趣了。正如周国平在《幸福与运气》中提到的："谁都不愿意运气特别坏，但是，运气特别好，太容易地得到了想要的一切，是否就一定好？恐怕未必。"

为什么会出现享乐适应这种现象呢？罪魁祸首就是不断高涨的欲望和攀比心理。例如，你得到一笔意外之财后又买了一幢大房子，但经过一段"潜移默化的常态"后，你就开始想要更大的房子了。又如，你搬到一个新社区，看到新朋友有一辆宝马轿车，你就觉得自己也应该有一辆。结果，虽然人们每年累积的财富都在增加，但整体的幸福感却没有什么变化。

9. 歹运会让人更不幸福吗？

你认为一个人患有晚期肾衰竭会降低他的幸福感吗？

想象一下，每周他都要接受长达 9 小时的血液透析。透析时，他的身体连着一台仪器过滤他的血液。他还必须严格控制饮食，控制肉和盐分的摄入量，甚至连水都不能多喝。大多数人一定会认为这样的生活一定不幸福。

研究人员进行了实验。受试者分为两组，一组是健康的人，另一组是需要透析的患者。实验要求这两组人在一周内随身携带掌上电脑，每隔 90 分钟这台电脑就会发出声音提醒受试者把他当时的情绪记录下来（满足、快乐、焦虑，或是痛苦）。

结果显示，肾病患者和那些健康受试者的幸福感是一样的。这些患者似乎很快就适应了他们的病情。此外，肾病患者也深信，如果自己没有得这种病，他一定会过得更加幸福。

虽然听起来令人震惊，但是人类的确对身体的残疾，如瘫痪、失明或其他重要身体机能的丧失等有着很强的适应性。 在生了一场大病或是遭遇严重事故后，这种非凡的能力可以帮助我们快速走出伤痛，重新获得幸福。

2008 年，我国汶川发生大地震，很多家庭妻离子散，然而灾难过后，人们越来越体会到灾难事件对幸福感的“积极”影响。

陈昌凯等人的研究指出：“个人对满足的敏感性，均可能在灾难性事件发生后有所增加。”灾难后的幸福感更容易产生。 巨大灾难或病症过后，人们会更加关注诸如亲情、生活的美好等问题，会重新意识到拥有家人和朋友的重要性，并努力维护这种积极的关系，也会将注意力从追求财富、成功等外部价值转到实现内部价值、重视内心世界上来。

10. 健康会让人更幸福吗?

疾病通常会让人不愉快或痛苦，让人感到对生活不满意。

如果你去问一位老者“什么是幸福”，他一定会回答，“健健康康活下去就是幸福”。 通过对老年人的生活状况的研究，我们发现在各种影响因素中，健康状况与生活满意度的关系最为密切。 鲍林（Bowling）的研究甚至表明，对于 85 岁以上的老年人来说，只有健康状况对幸福感有显著影响。

中国家庭幸福感热点问题调查结果显示，健康状况越好，幸福感越强。

11. 自我接纳会让人更幸福吗?

自我接纳，即接纳自己的一切。 悲伤、喜悦、怀疑、嫉妒、焦虑、失望，这些都是一个人本性中拥有的情感。 对于一些消极情感我们不必否定，只需很好地接纳它们。 自尊与主观幸福感相关，这一结论在西方社会可重复证实，但不具有普遍性。

自尊—主观幸福感跨文化调查发现，在集体主义文化中，二者相关系数很低。 关（Kwan）等人研究发现，在美国，自尊和生活满意感有很强的相关性。 另外，在集体价值高于个人价值的社会文化中，高自尊并不一定意味着高幸福感，这其中就表现了一定的文化差异。

自尊与幸福感相关，这一结论得到大量研究的支持。 迪纳的研究认为，自尊与主观幸福感之间呈正相关，也就是说，高自尊的人有更强的幸福感。 拜鲁赫和巴恩（Baruoh & Barne）在研究中年妇女的主观幸福感时，将自尊、愉快、压抑作为幸福感的三个维度，他们发现自尊与幸福感呈正相关。 自尊与幸福感的积极联系在很多文化中均得到了证实。

拥有自尊便拥有了人际关系的和谐，人生态度的豁达。 每个人作为独特的个体生活在各种社会关系中，拥有不同的知识背景、人生阅历，对事物的见解必定会产生分歧。笑对生活中的摩擦碰撞，欣赏他人的优点，宽容他人的缺点，彼此尊重，彼此谅解，接纳自己，也接纳别人，这便是幸福的哲学。

自尊分为个人自尊和集体自尊，对自尊与幸福之间关系的研究由来已久。早期针对个人自尊的研究发现，自尊与主观幸福感呈正相关，与积极情感的相关系数达到 0.46 和 0.34，与消极情感的相关系数达到－0.40 和－0.46。

现在的研究越来越重视外显自尊与内隐自尊对主观幸福感的影响。一些研究表明，在高外显自尊个体中，高内隐自尊个体的主观幸福感水平显著高于低内隐自尊个体。在低外显自尊个体中，内隐自尊没有影响个体的主观幸福感。沈杰对师范类学生研究的相关分析结果表明，主观幸福感与内隐自尊显著相关，这说明内隐自尊水平高的个体，其主观幸福感也比较高。

由此可见，外显自尊、内隐自尊或许是更好地预测主观幸福感的指标。

12. 人格因素会影响幸福吗?

人格因素即使不能被称为主观幸福感最好的预测指标，也至少是最可靠、最有力的预测指标之一。什么性格的人更容易感到幸福？与幸福感密切相关的稳定的人格因素是否存在呢？幸福感本身是一种人格变量吗？这些问题已经被关于幸福问题的研究者注意到了。

德尼夫（DeNeve）研究发现，幸福感是一种与多种人格特征有关的变量，很多人格特质明显地与幸福感相关。大量研究显示，乐观、自尊和外向的性格是幸福者普遍拥有的个性特征。

近年来各国的研究者都集中于研究主观幸福感与外倾和神经质之间的相关关系。卢卡斯和藤田（Lucas & Fujita，2000）研究发现，外倾与愉快的相关系数为 0.38。而且，当运用复合的、种类不同的测量方法来研究外倾和愉快之间的关系时，相关系数经常达到 0.80。藤田（Fujita，1991）在用结构方程建模评估神经质和消极情感之间的相关强度时，也得到了类似的高相关。由于这些研究结果的一致性，许多研究者认为外倾和神经质提供了人格和主观幸福感之间的主要联系。

外向的人能体验到更多的积极情绪，而神经质者更有可能体验高度的消极情绪。

德尼夫和库珀（Cooper）指出，外倾性和适宜性与幸福感具有稳定的正相关，而神经质与幸福感则有稳定的负相关。迪纳和卢卡斯认为，外倾性格是一种积极情感的特征，而神经质在某种程度上就是负性情感的同义词。责任性、适宜性、开放性与幸福感相关较低，因为这些特征更容易受外界的影响。换句话说，与个体差异一样，这三个因素的功能更容易受到环境的影响，但是，外倾和神经质也许更具有遗传性。

具有外倾性人格的个体之所以更容易体会到幸福感可能是因为他们具有更好的社交技能，更擅于处理人际关系。有相当一部分研究表明，有外倾性人格的个体，其幸福感大多来自与朋友良好亲密的社会交往，他们也因此更容易获得积极情绪。阿盖和卢（Argye & Lu）曾经做过一项实验，他们对 37 项休闲活动，如聚会、出游、聊天等进行因素分析。研究结果显示，是否参加这些活动以及参与的频率都与幸福感和外倾性显著相关。

然而，正如德尼夫和库珀（1998）所指出的，单独地集中于外倾和神经质可能会过于简单地陈述人格和主观幸福感之间复杂的联系模式，一些宽泛的维度和范围相对较窄的特质均显示了与主观幸福感有一致的相关。

例如，德尼夫和库珀指出大五人格中的宜人性和尽责性与主观幸福感的相关系数大约为 0.20，一些范围相对较窄的特质，如抑制性防御、信任、控制源、控制欲和能吃苦等，都显示出与主观幸福感具有中等的相关。

13. 你所在的社会文化会影响幸福吗?

社会文化可分为个人取向文化和集体取向文化。生活满意度和情感平衡之间的相关在前者中比在后者中明显。在个人取向的文化中（如欧美国家的文化），个人较注重自身的主观体验，倾向于区分自己与他人，直接表达个人态度和内心感受的行为受到鼓励，和自我相关的情感，如自尊，与主观幸福感关系尤其紧密。而在集体取向的文化中（如中国的传统文化），个体必须和外界社会规则保持一致，个人的主要目的不是区分自己与他人，而是与他人保持和谐一致，个人理想往往是所属群体的理想，个人的感觉、情绪、思想不被看作行为的决定因素，因而在集体取向的文化中，有关自我的情感取向对决定生活满意度显得不那么重要。

迪耶内认为，不同国家的人对幸福的观念也不一样。尽管所有国家的人都认为主观幸福感很重要，但对幸福的追求却纷纷不一。拉丁美洲国家以及太平洋周边的亚洲国家的人将幸福感置于更高的位置；一些东南亚国家的人更倾向于为了达到他们所认定的重要人生目标或社会理想而放弃眼前的利益，放弃积极体验。正如在中国的两万五千里长征中，革命者为了革命的胜利和民族的未来，宁可牺牲自己的利益甚至生命，他们强渡激流，翻越雪山，穿过草地，换来伟大的会师，革命的胜利。

四 幸福方程式

幸福，从古至今都是热爱生活、热爱生命之人宁愿倾其一生去探究、去追求的，没有人可以给幸福下一个准确的定义，然而这世上的每个个体都能体会到自己的幸福。

关于幸福的影响因素，心理学中也有过大量的探索。马丁·塞利格曼（Martin Seligrman）等人（2012）经过研究与整合，提出了一个幸福方程式：H＝S＋C＋V。

快乐（Happiness）＝定位点（Setpoint）＋条件（Conditions）＋自发性活动（Voluntary activities）

定位点（S）：遗传的快乐起点（幸福基因）。

条件（C）：一些外部因素，如财富（金钱）、关系（人际关系、婚姻与亲密关系、社会支持）、成就、工作环境的提升、对压力来源的掌控、文化等。

自发性活动（V）：冥想、运动、学习新技能、放假（休闲）等。

1. 幸福定位点

幸福定位点是通过遗传得来的幸福的起点。有关幸福定位点最有力的证据源于一系列有关同卵和异卵双胞胎的研究。双胞胎研究可以让人们更多地了解幸福基因，主要是因为双胞胎共享的遗传基因已经确定：同卵双胞胎共享的基因完全一致；而异卵双胞胎只有50％一致，与其他普通的同胞兄弟姊妹是一样的。因此，通过评估双胞胎幸福感的相似程度，我们就能够推断出基因将对幸福感产生多大的影响。

有意思的是，无论是否一起长大，异卵双胞胎的幸福水平都不具有任何关联。从这一点来看，他们和其他同胞兄弟姊妹一样。

这些发现充分强调了幸福在很大程度上是受遗传因素影响的。我们每个人都有一个由基因决定的幸福定位点。也就是说，50％的幸福水平差异是由幸福定位点决定的（不要忘了，还有10％是由环境决定的），除此之外，剩下40％的幸福是由我们自己掌控的。

2. 生活条件

所谓的个人生活条件，包含自己不能改变的事实以及自己能改变的事实。比如，人的种族、性别、年龄以及残障情况等条件是我们无法自己决定的，但是还有一些诸如财富、婚姻状况以及居住地等条件是会随着生活、思想观念、交往环境以及自身社会实践的变化而改变的。这些生活条件起码会在我们人生中持续一段时间，所以我们大抵都能适应。

3. 自发性活动

自发性活动是出自个人选择的活动，如冥想、运动、学习新技能、放假等。这些自发性活动一定是出于个人选择，且需要人们花上相当多的时间和精力才能完成，因此这些自发性活动在我们意识中消失的方式与个人本身生活条件消失的方式就会有所不同。自发性的活动能带给个人更多快乐。

4. 重大改变后回归幸福定位点的现象

生活中发生的任何重大改变如开始一段新恋情或遭遇车祸，都可能会导致幸福水平上升或者下降，从而使我们回归到由遗传基因决定的幸福定位点上。

这一现象已经得到了相关研究的证实。1981 年到 1987 年，研究人员曾对澳大利亚的城镇居民每两年进行一次追踪调查。研究发现，他们所经历的积极或者消极的事件都会影响他们的幸福感水平和生活满意度，但随着这些事件的结束，他们的幸福感就会返回到最初的起点。

美国另一项针对大学生的研究也得出了相同的结论。这些学生经历的所有事情都会加强或者削弱他们的幸福感，但这种影响仅在事情发生后的 3 个月内比较明显，之后一切就又回归到原先的水平。因此，虽然生活中的各种际遇可能会让你兴奋或者痛苦，但最终你都会不由自主地回归到你的幸福定位点上去，而且这个定位点是无法更改的，也是固定不变的。

但是，幸福定位点不易更改并不代表你的幸福水平是无法更改的。

五 为什么要追求幸福?

本-沙哈尔的著作《幸福的方法》的译者汪冰接受记者采访时说道："泰勒博士并没有让我们看淡成功、财富或者地位，而是让我们反思一个现象，即我们努力追求成功是为了获得幸福，但成功之后，我们却发现自己并不比以前幸福很多。"这的确是一个值得思考的问题。接着，汪冰给出了回答："其实，那是因为我们把手段当成了目的。权力、金钱都是获取幸福的手段，而不是目标。"他列举了与一位朋友的谈话："我问一个朋友他觉得最幸福的事情是什么，他回答说'睡懒觉'，我说：'那你为什么让自己忙碌到没有时间睡懒觉？'"

1. 幸福是生命的一种基本需要

哲学家赫拉克利特（Heraclitus）说过："如果幸福在于肉体的快感，那么就应当说，牛找到草料吃的时候是幸福的。"仅从这一层面来说，就像草料之于牛一样，幸福之于生命也是一种基本的需要，是人活下去所必需的。生活中体会不到幸福感，便犹如行走在荒漠中，没有水源滋润，没有意义地苟活，没有方向地乱跑乱撞。

幸福有的时候很短暂，很微小，也许只是加完班回到家后看到热腾腾的饭菜，周末陪同父母妻儿去郊外野游，口渴时喝下一捧清凉甘甜的泉水。幸福也可以很宏大，很高远。100 多年前，众多仁人志士为了心中的一个愿景，前赴后继，为后人奉上一片和平，以至于到了今日，我们依然为了那一个愿景，走在奋斗的路上。

生命中需要幸福感，它将是使生命之花恒久绽放的甘露琼浆。

2. 追求幸福可以使人幸福

爱因斯坦（Einstein）曾说过："人们所努力追求的庸俗的目标——财产、虚荣、奢侈的生活——我总觉得都是可鄙的。"如果人一生都在忙忙碌碌追求这些世俗的目的而牺牲了感悟幸福的光阴，岂不是很可惜？

每个人都有对幸福的标准，那为什么并不是每个人都会感到幸福呢？我们最好根据塞利格曼的幸福公式，在幸福定位点的基础上，考虑自身的不可控条件并尽力改变可控条件，做自己认为有意义的自发性活动，目标不宜过低，因为触手可及便没有了挑战性，也不宜过高，因为尽全力却仍不可得，容易产生挫败感。

幸福不是结果，而是过程，寻找幸福本身就是一种幸福，追求幸福的过程可以使人更幸福。艾尔弗雷德·苏泽（Alfred Souza）曾说过一段话："一直以来，我都觉得生活——真正的生活似乎即将开始，但是在前面总有些东西拦在那里，如未完成的工作，要奉献的时间，该付的债，等等。当这些事解决后你才能开始自己的一天。后来我才醒悟，这些障碍本身就是我的生活。"

人们总以为获得成功、积累财富后便有足够的时间、精力和财力去追求幸福，寻找幸福，于是每日疲于奔波忙碌。殊不知，幸福潜藏在生活的每一天，每一个角落，而大多数人却舍本逐末，若能及时醒悟还好，若非，只待时光飞逝而去，才叹"当时只道是寻常"。

3. 幸福的人更成功

国内外的许多研究表明，幸福感是与一些人格特征相联系的。乐观、自尊、性格外向的人更容易感受到幸福，乐观的人更加自信，与人交往更加从容，从而也更加容易成功。许多研究发现，乐观者比悲观者成功的可能性更大，机遇更多。幸福与成功是相互影响的，取得成功会增加人的幸福感，而被幸福的温热包裹，内心温柔平和的人也会更容易成功。

汪冰指出，除了功名利禄的追求，我们身边还有很多获得幸福的途径，譬如家人和朋友、兴趣爱好、工作本身。如果我们能体会这诸种幸福，我们的心态将更平和，身心将更和谐。

六 如何追求幸福？

在讲如何正确追求幸福之前，我们来看看常见的几种追求幸福的心态或行为模式。

本-沙哈尔在其著作《幸福的方法》中提出了幸福的汉堡模型。为了准备接下来的一次比赛，他非常注意自己的饮食，严格控制蛋白质以及糖分的摄入，并下决心，在比赛结束后一定要疯狂地吃垃圾食品。当然，比赛一结束，他就跑去汉堡店，一口气买了四个汉堡。然而，他坐在这四个汉堡前，却忽然不想吃了。他静静地想这是为什么，然后慢慢总结出了幸福的“汉堡模型”（见图 1-1）。

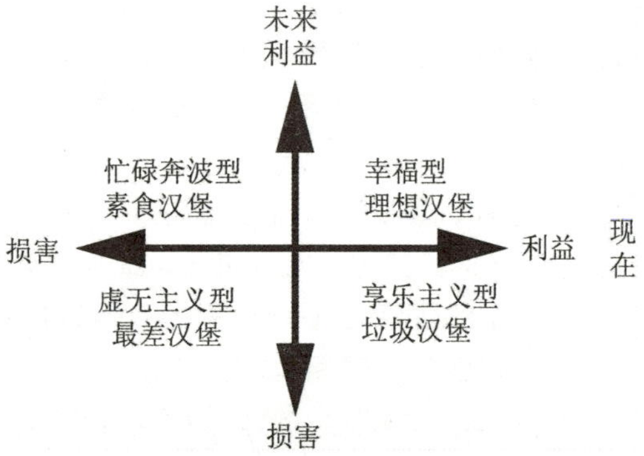

图 1-1　幸福的汉堡模型

第一种汉堡是标准的“垃圾食品”，代表了享受当下却出卖未来的享受主义型。“享受主义型”便是及时享受眼前的利益，不为未来的事情负责，即使会出现负面的后果也不在乎，以后的事以后再看。

第二种是营养丰富却口味极差的汉堡，代表了劳碌奔波型。这种类型与享受主义型刚好相反，为了未来的目标可以牺牲眼前的利益，现在多吃点苦无所谓，只要可以达到目标都不在乎。

第三种汉堡很让人无奈，它既不好吃又不健康，代表了漫无目的的虚无主义型。虚无主义者听天由命，不仅现在感到无聊，而且对未来也不抱什么希望。（听天由命与“习得性无助”的相关实验见超级链接。）

第四种汉堡既美味又健康，是“幸福型汉堡”。幸福的人既享受现在付出的努力，又可以通过目前的行为获取更满意的未来。

本-沙哈尔用坐标图形象地分解了四种追求幸福的模型，如图 1-1 所示。

本-沙哈尔把追求幸福的形式进行了形象的分类。他告诉我们，生活要幸福，既要考虑现在的利益与快乐，又要顾及未来的利益与意义，二者缺一不可。但对于如何具体追求，这个模型是不能回答的。

七 本课程如何帮你掌握幸福的方法？

很多人对德国哲学家莱因霍尔德·尼布尔（Reinhold Niebuhr）所写的《宁静〖祷》（*Serenity Prayer*）都非常熟悉，12 步治疗计划中也广泛采用了这个祷文："上帝啊，请赐予我宁静，去接受我不能改变的一切；请赐予我勇气，去改变我所能改变的一切；请赐予我智慧，让我能够分辨两者的不同。"那么，你如何才能知道哪些是可以改变的，哪些是不可以改变的呢？

让我们回到幸福方程式：快乐（Happiness）＝定位点（Setpoint）＋条件（Conditions）＋自发性活动（Voluntary activities）。我们可以看出，定位点由天定，我们不能改变，只能接受。有些条件我们很难改变，如文化、颜值、灾祸、性别，甚至人格等，我们只能接受。有些条件我们可以改变，如财富、成功、健康、人际关系、婚姻、工作（学生的学习）。在快乐方程式中，我们能做的事就是通过自发性活动，追求属于自己的幸福。

如何做才能加强或者维持幸福感呢？答案就在这个幸福方程式中。回想一下，幸福感有 50％源于幸福定位点，有 10％由生活环境决定，而剩下的 40％则是由我们的思想和行为决定的，这就意味着提升幸福的秘密就在于这 40％。如果我们认真观察那些幸福的人，就会发现他们不会坐等幸福从天而降，相反，他们靠自己的努力创造幸福。

我们的主观性活动会对幸福水平产生巨大的影响，所以我们只要行动起来，坚持不懈，就能远远超越幸福定位点以及生存环境对我们的影响。因此，一个不幸福的人可以通过学习幸福的人的生活习惯和行为方式来获得幸福。

在本课程中，我们综合考虑幸福的影响因素、幸福的维度等，提取了一些重要的、通过个人努力能改变的内容（见本书目录第二章到第十章），并帮助大家通过努力，掌握获得幸福的方法。我们将帮助大家通过自发行动，掌握积极情绪的力量，使自己生活得更开心（第二章）；找到生活的意义，让自己活得更有价值（第三章）；发现自己的优点，使自己更悦纳自己（第四章）；设立生活的目标，促进自我成长（第五章）；掌握交往技巧，增进人际关系（第六章）；提升爱的能力，建立亲密关系（第七章）；发现自我积极的人格优势（第八章）；主动利他，增进幸福（第九章）；找到时间管理的方法，增进控制感（第十章）。

幸福行动

下面一个小练习，帮助大家体会幸福感。

练习：幸福象限。目的在于让你检核和反思自己目前的行为是否是一种合适的幸福心态或模式，之后有意识地多做幸福型的行为，避免虚无主义型的行为。

练习 幸福象限

连续四天，每天用五分钟的时间，写下你在“汉堡模型”四个象限里的经历，无论是一件事，还是人生中的某一段时期。写下你曾经处于“忙碌奔波型”“享乐主义型”以及“虚无主义型”时期的经历。在第四天时写下你处于“幸福型”时期的经历。如果你对于其中某个象限特别感兴趣，就多写一点，但每天所写的内容不要超过一个象限的范围。不要考虑文字是否优美通顺，只管去写。要记得，写下你当时的行为和感受以及现在的感受。

以下是对每个象限内容的一些写作指导：

忙碌奔波型：写下你人生中忙碌奔波的经历。为什么曾经是那样？你是否在其中受益？你付出的代价又是什么？

享乐主义型：解释一下你只顾享乐的时刻或经历。你是否在其中得到了很多？你损失的又是什么？

虚无主义型：写下有关那个特别痛苦时刻的经历，或者那个你感到绝望、无助的时刻，并描述你当时以及现在对它最深刻的感受和想法。

幸福型：描述一下你人生中某个特别幸福的时期或者经历。用你的想象力，让自己再次回到那个时候，重温一下当时的感受，并写下来。

无论你写什么，都是写给自己看的。如果写完后你愿意和他人分享当然也可以，但在写的时候请不要抑制任何的念头和想法，你越能勇敢地表达自己，就越能从中受益。

在“虚无主义型”和“幸福型”两个象限上，你可以再多做两次练习。重复该练习时，你可以写相同或不同的内容，然后定期回顾自己所写的内容——可以是三个月，一年，甚至是两年。

（资料来源：泰勒 · 本-沙哈尔《幸福的方法》，有删改）

超级链接

我国居民收入与幸福感关系的研究

收入是否会影响人们的幸福感？古往今来这是一个令许多政治家和思想者都感兴趣的问题。早在公元前6—前7世纪，古希腊著名的政治家梭伦(solon)在与吕底亚国王克洛伊索斯(Croesus)谈话时就提出过一个著名的论断，“许多有钱的人并不幸福，而许多只有中等财产的人却是幸福的”。亚里士多德(Aristotle)也赞同梭伦的观点，在他看来，幸福这种合乎德性的活动还需要一定的外部条件，“但尽管幸福也需要外在的东西，我们不应当认为幸福需要很多或大量的东西……只要有中等的财产就可以做合乎德性的事”。20世纪60年代以来，随着生活质量研究的兴起，不少研究者试图通过实证研究来探讨收入与幸福感之间的关系。柏德班(Bradburn)的研究显示，高收入者会体验到较多的正性情感，而低收入者体验到较多的负性情感。坎波(Campbelletal)等人的研究发现，个人收入对幸福感产生的影响很小。哈瑞(Haring)等人发现，收入与主观幸福感之间的平均相关为0.17。后来的一些研究者也得出了大致类似的结论。

但上述研究也受到了一些质疑，一些研究者认为，在考察个人收入与幸福感的关系时应当考虑国家的富裕程度。威文(Veenhoven)的研究发现，在较为贫穷的国家，个人收入与主观幸福感的相关较强，这一结论也被哈伊(Hayo)等人对东欧一些转型国家的研究证实。与此同时，一些研究者从宏观层面对国民收入与幸福感的关系进行了研究。这类研究在群体乃至国家层面展开，试图考察不同国家的国民收入对幸福感的影响。美国经济学家埃斯特林(Easterlin)，在20世纪70年代提出了所谓的“Easterlin悖论”。根据埃斯特林的观点，通常在一个国家内，富人的平均幸福感水平高于穷人；但如果进行跨国比较，穷国的幸福感水平与富国几乎一样高。从另一个角度看，国民收入的增长并不必然导致国民幸福感水平的提高。毫无疑问，这与传统经济学“财富增加将导致福利或幸福增加”的命题相悖。

但也有一些研究者发现，国家的富裕程度与国民幸福感水平之间存在较强的正相关。对收入与幸福感之间的关系进行实证研究，无疑具有重要的理论意义和决策价值。但到目前为止，还没有见到针对我国居民收入与幸福感关系的系统研究。本研究以已经公开的政府统计资料为依据，结合2002—2008 年对山东省城市的纵向研究(见图 1-2)，以及 2005 年对全国 6 个省会城市(北京、沈阳、西安、杭州、广州、昆明)横向研究所取得的调查数据(将每个城市的数据按个人年收入水平分为 10 组，每个城市的每位被调查者被归入由低到高的 10 个收入组，见图 1-3)，分别以个体和地区为分析单位，对我国城市居民收入与幸福感的关系进行了较为系统的探索研究，得到了以下结果。

在现阶段的中国，收入与城市居民幸福感之间具有一定的正相关，地区富裕程度会对二者之间的关系产生影响，高收入群体幸福感水平明显高于低收入群体。从一段时期内考察，地区居民幸福指数并没有随国民收入的增长而同步增长，地区富裕程度与居民幸福感水平之间相关不明显。

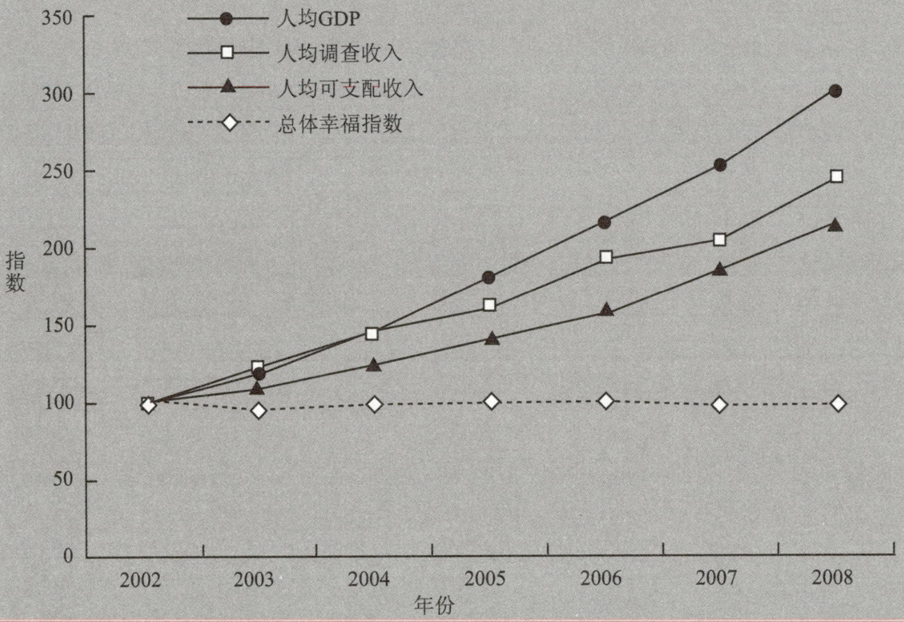

图 1-2　山东省国民收入与幸福指数走势

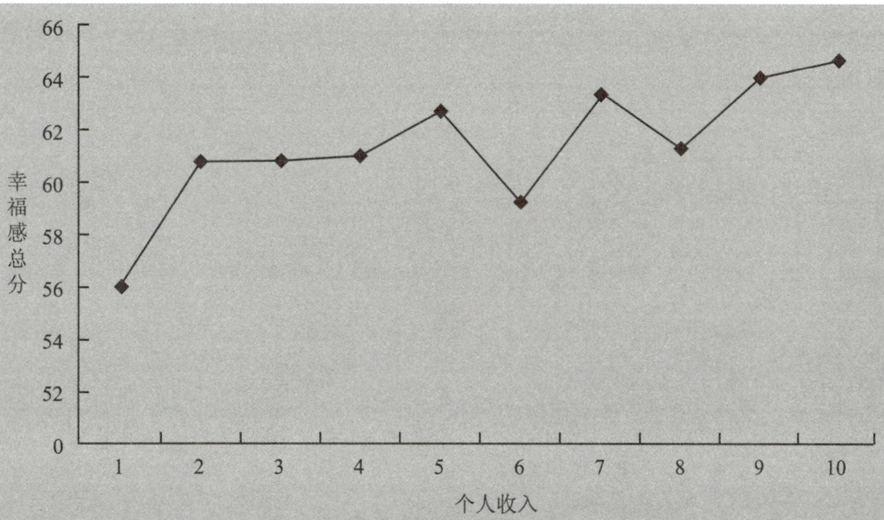

图 **1-3**　不同收入组幸福感总分的分布趋势

（资料来源：邢占军《我国居民收入与幸福感关系的研究》，载《社会学研究》2011年第1期，有删改）

第二章

积极情绪带来幸福

真正的笑，就是对生活乐观，对工作快乐，对事业兴奋。

——爱因斯坦

开启幸福

棒球王贝比·鲁斯(Babe Ruth)在他的棒球生涯中，一共击出了714记本垒打，被誉为历史上最卓越的棒球选手。最后一记本垒打为鲁斯的棒球职业生涯画上了一个完美的句点，以下是一个与鲁斯有关的感人的故事。

那时，闻名遐迩的鲁斯年龄已经偏大了，已不再像年轻时那般身手灵活了。在守备上由于他一再漏接，单单在一局中就让对方连下五城，而其中的三分都是由于他的失误所造成的。他在那场比赛中已经连续被三振出局两次了，英雄似乎走上了末路。

当他就要第三度上场时，球赛已进入最后一局的下半局，勇士队两人出局两人在垒，刚好落后对方两分……当他举步维艰地迈向打击区时，观众们一阵阵的叫嚣声震耳欲聋，奚落的嘲笑与嘘声不绝于耳。此时，鲁斯已没有信心再打下去了，他缓步走回休息区，向教练要求换别人打。

但就在这一刻，一个男孩费力地跃过栏杆，泪流满面地展开双臂，抱住了心中的英雄。鲁斯亲切地抱起男孩，许久才放下，然后轻轻地拍拍他的头。

这时，球场沉浸在一片宁静中。鲁斯缓缓地走回球场，接着就击出那记最具意义的本垒打。

鲁斯为什么能在几近绝望的时候击出最具意义的本垒打?

因为那个小男孩鼓励的拥抱传递给他积极的情感，使他获得巨大的力量，从而能够比较勇敢地面对职业生涯上的瓶颈。很多时候，积极的力量甚至能使我们的生命找到更有意义的方向。

接下来就让我们一起走进幸福秘笈，去认识积极情绪和消极情绪，以及如何提升自己的积极率。

（资料来源：苏明明《哈佛情商课》）

幸福秘笈

如果把人们的心理情感经历看作一个连续体：一端是神经质、焦虑、抑郁等消极情绪；另一端是幸福感、满足感、兴奋等积极情绪，那么我们关注的就是如何从消极情绪向积极情绪动态转化。

一 情绪、积极情绪与消极情绪

在工作或生活中，我们不断受到外界的干扰。乐观、失落、烦躁、郁闷等各种情感交替而至，情绪也由此形成。在每天平凡的生活中，你我或都深受情绪左右之苦。例如：

早上在闹钟不停地催促下不情愿地起床，没有睡饱，心情烦躁；

上班路上发现暖暖的春天花开了，草绿了，心情也跟着舒畅；

提交的工作方案被领导指出了缺点，心情郁闷；

晚饭后准备打开电脑写点东西，却发现电脑莫名地坏了，这下简直要愤怒了。

人的情绪是多种多样的，有“好”的，有“坏”的，这就是我们常说的积极情绪（positive emotion）和消极情绪（negative emotion）。

1. 情绪

情绪，是对一系列主观认知经验的通称，是多种感觉、思想和行为综合产生的心理和生理状态。最普遍、通俗的情绪有喜、怒、哀、惊、恐、爱等，也有一些细腻微妙的情绪，如嫉妒、惭愧、羞耻、自豪等。情绪常和心情、性格、脾气、目的等因素互相作用，也受到激素和神经递质的影响。

情绪有二十种以上的定义，尽管它们各不相同，但都承认情绪是由以下三种成分组成的：情绪涉及身体的变化，这些变化是情绪的表达形式；情绪涉及有意识的体验；情绪包含认知的成分，涉及对外界事物的评价。

情绪可以被分为与生俱来的“基本情绪”和后天学习到的“复杂情绪”。基本情绪与原始人类生存息息相关，复杂情绪必须经过人与人之间的交流才能学习到，因此每个人所拥有的复杂情绪数量和对情绪的定义都不一样。

情绪无好坏之分，由情绪引发的行为或行为结果有好坏之分，因此，我们一般根据情绪所引发的行为或行为结果，将情绪划分为积极情绪、消极情绪两大类。

2. 积极情绪

积极情绪，即正性情绪或具有正效价的情绪。从分立情绪理论的观点来看，积极情绪包括快乐、满意、兴趣、自豪、感激和爱等。积极情绪能使人产生愉快感的体验，有助于消除诸如焦虑、抑郁、悲伤等消极的情绪，并且可以使个体处于一种乐观、美满、愉悦的状态。

塞利格曼在他的《真实的幸福》（*Authentic Happiness*）一书中将积极情绪划分为三类（2010）：与过去有关的积极情绪、与现在有关的积极情绪和与将来有关的积极情绪。与过去有关的积极情绪主要包括满意、满足、尽职、骄傲和安详。与现在有关的积极情绪可以分成两类：即时的快感和长久的欣慰。与将来有关的积极情绪包括乐观、希望、自信、信仰和信任。

芭芭拉·弗雷德里克森（Barbara Fredrickson）在《积极情绪的力量》（*Positivity*）一书中将积极情绪划分为十种形式（2010）：喜悦、感激、宁静、兴趣、希望、自豪、逗趣、激励、敬佩和爱。

“喜悦”往往在你觉得周围是安全而熟悉的时候产生；或者是当事情发展得比你期待的更好，你不需要付出更大的努力时；抑或是来自意外的惊喜，如朋友为你办了一个意外的生日聚会，你获得了一个意想不到的奖励等。喜悦的感觉明亮又轻松。

“感激”是当你意识到有人用心为你做了一些好事时所表达出的赞赏之情。“感激”打开你的心灵，并带来回报的冲动。与“亏欠”不同，“亏欠”往往是以吝惜的方式做出回报，而“感激”则是毫不吝惜地、充满创意地给予回馈。真正的感激是由衷的，自发的，交织着喜悦和赞赏的。

“宁静”和“喜悦”一样，是当你的周围安全而熟悉、自身不需要付出太多努力的时候出现的，但和“喜悦”不同的是，“宁静”要低调得多。它是你在海边沙滩上散步的感觉；是你手捧一本好书，细细阅读的感觉。宁静是一种沉静，是一种聚精会神的状态，是一种品味。

“兴趣”是指当你被一些新颖的或奇怪的事物吸引时内心充满的一种带着可能性和神秘性的感觉，这种感觉需要你的努力和更多的关注，你完全被吸引，被牵引着去探索，将自己沉浸于正在接触的事物当中。“兴趣”让你去接纳新的观点，去了解更多。

大多数的积极情绪都是在你感到安全和满足的时候出现的，但是**“希望”**是一个例外。“希望”，在你境况紧迫的时候发挥作用，在事情看来将要无望的时候产生——“害怕最糟的，却渴望更好的”。“希望”是一种相信事情能够好转的信念，它让你免于在绝望中崩溃，激励你发掘自己的能力和创造性来扭转局面，启发你为更美好的未来做规划。

“**自豪**”是一种“自我意识情绪”，是指自己感到光荣，值得骄傲。“自豪”如果任其泛滥，就会变成骄傲自大。但是，当我们针对具体的情况、带着恰当的谦逊来调节时，自豪显然是一种积极的情绪。自豪紧随着你的成就而绽放。你投入了努力，并取得了成功。

当一些意想不到的事情让你发笑时，“**逗趣**”就产生了。“逗趣”是社会性的，并且，“逗趣”只有发生在安全的情况下才会是有趣的。你在安全和轻松的情境下，通过分享快乐，与他人建立联系。

当你无意中发现了真正的卓越，目睹人性最好的一面时，“**激励**”就会产生，它能够启发和振奋你。“激励”能集中你的注意力，温暖你的心，并吸引你更加进入状态。“激励”让你想表达什么是好的，并亲自去做好事，它让你产生做到最好的冲动，让你可以达到更高的境界。

“**敬佩**”与激励的关系密切，它在你大规模地邂逅善举时产生。“敬佩”不仅指对人，也指对伟大的事物所产生的敬畏之心。比如，当你面对伟大的景物时，感到自己特别渺小，有一种被征服、动弹不得的感觉，那种感觉就是敬佩。

“**爱**”是多彩的，它不是一种单一的积极情绪，而是包括喜悦、感激、宁静、兴趣、希望、自豪、逗趣、激励和敬佩的一种复杂情绪。将这些积极情绪转变为“爱”的，是它们的情境。当这些良好的感觉与一种安全的并且往往是亲密的关系相联系，扰动我们的心灵时，我们称之为“爱”。

从欣赏到热爱，从欢快到喜悦，激励、敬佩和自豪……积极情绪带来的愉悦状态比我们想象的强大得多。积极情绪绝不仅限于自我暗示。尽管轻微，它也同样能渗入我们的脑海和视野、心率和身体化学反应、肌肉紧张度和面部表情，它带给我们开放的思想、柔和的性情、放松的肢体和平静的面容，帮助我们创造最佳的生活状态，改变着我们的身心，甚至影响到我们的资源和人际关系。

积极情绪以独特的方式，让我们的世界观、心理能量、人际关系和潜力焕然一新，让我们的生活更有活力，让我们体验到更多的幸福，创造更多的幸福。

3. 消极情绪

消极情绪是指在某种具体行为中，由外因或内因影响而产生的不利于你继续完成工作或者正常思考的情感，它与积极情绪相对。

消极情绪包括忧愁、悲伤、愤怒、紧张、焦虑、痛苦、恐惧、憎恨等。消极情绪的产生是因人因时因事而异的，产生的原因有：对“应激源”产生反应，在工作、学习或生活中遭受了挫折，受到了他人的挖苦或讽刺，莫名其妙的情绪低落等。

二　积极情绪和消极情绪的功能

积极情绪和消极情绪会对我们有什么影响呢？

心理学和动物学专家曾经做过一个有趣的对比实验：在两间墙壁镶嵌着许多镜子的房间里，分别放进一只黑猩猩。一只黑猩猩性情温顺，另一只黑猩猩则性格暴烈。性情温顺的黑猩猩刚进到房间里，就高兴地看到镜子里面有许多“同伴”对自己的到来报以友善的态度，于是它很快地和这个新的“群体”打成一片，时而奔跑嬉戏，时而耳鬓厮磨，彼此和睦相处，关系十分融洽。直到三天后，当它被实验人员牵出房间时还恋恋不舍。至于性格暴烈的黑猩猩，从它进入房间的那一刻起，就被镜子里面的“同类”那凶恶的态度激怒了，于是它就与这个新的“群体”进行无休止的追逐和厮斗。三天后，它是被实验人员拖出房间的，因为这只性格暴烈的黑猩猩早已因气急败坏、心力交瘁而死亡。

积极情绪和消极情绪是相对而言的。面对生活的压力与历练，如果积极情绪战胜了消极情绪，就会促进人的进步，激发人性的优点使之为善；如果消极情绪战胜了积极情绪，就会阻碍人的进步，激发人性的缺点使之为恶。

沃森（Watson）等人提出，积极情绪和消极情绪是不同进化任务（evolutionary tasks）中的神经生理系统不同成分的反映。积极情绪是行为接近系统（正如人格特征中的外向性一样）的一部分，这个系统是促使有机体接近愉悦的情境。行为接近系统的功能在于帮助有机体获得生存所必需的资源，如食物、住所和配偶。相反，消极情绪（正如人格特质中的神经质一样）是行为禁止系统中驱动回避的一种成分。行为禁止系统的功能在于发动回避行为，禁止接近行为，以便保护有机体避开可能遭遇的危险、疼痛或惩罚。

积极情绪与消极情绪是相对而言的，正确看待积极情绪和消极情绪的作用非常重要。

1. 积极情绪让我们活得更好

积极情绪开启我们的心灵和头脑，使我们更善于接受和更富有创造性。比如，赤猴在年幼时会玩一种追逐游戏，它们迎头冲向一株柔韧的小树或灌木，然后把自己朝着一个让人意想不到的方向弹出去。而成年赤猴从来不会如此冒险地去做这个惊险的动作，除非它们需要逃脱捕食者。在这种游戏中，赤猴发展了一项在将来的某一天可能挽救它们生命的特殊技能。地松鼠看见捕食者时会发出一个警报信号，提醒其他的地松鼠逃跑撤离。报警的地松鼠将会因此陷入危险中，但是它们会给自己的玩伴发出警报信号，这些好朋友也会冒着生命危险来拯救它们，这就是在玩耍中发展的社会资源。

积极情绪让我们变得更好。通过开放我们的心灵和思想，积极情绪使我们能够发现和建构新的技能、新的关系、新的知识和新的生存方式。兴趣、好奇、探索促使我们了解更多信息，掌握更多知识，这些知识在将来会有用，甚至可能成为你的救星。

2. 消极情绪让我们得以活到今天

所有的情绪，不管是积极的还是消极的，都对我们人类的祖先意义重大，因为它们为特定的行为产生驱动力。而科学家认为，情绪触发“特定行为倾向”（specific action tendencies）。例如，恐惧的感觉与逃跑的冲动相联系，愤怒驱动攻击，厌恶导致排斥，等等。这些冲动帮助我们的祖先在遭遇生命威胁时迅速、果断地行动，这些行动一次又一次地以最有效的方式，将我们的祖先从生死关头拯救出来，因而对我们这样的物种意义重大。

为了更好地理解消极情绪，我们有必要对消极情绪做出进一步区分。消极情绪可分为必要的消极情绪和无端的消极情绪。

必要的消极情绪让你正视事实，推动你前进。比如，失去宝贵的东西所引发的哭泣可以帮助你继续前进；因错误行为而产生的内疚可能会成为未来的学习经验。

必要的消极情绪是有正向功能的。例如，“愤怒”会带给我们力量，“痛苦”会提醒我们离开，“焦虑”会教导我们冷静、谨慎地应对大场面，“恐惧”帮助我们学会勇敢面对，“失望”让我们懂得要坦然接受事实、接受自己，“悲伤”让我们在失去时学会珍惜，“忏悔”“内疚”“遗憾”会给我们力量去完成那些未完成的事、未了的心愿。这些消极情绪在日常交往中不可避免，它们被情境中的现实唤起，并时常伴随在我们身边。它们不像积极情绪那样直接给我们鼓励，但是只要我们认真体会，它们一样会给我们指引和力量，帮助我们提高成效，并立足于现实。

无端的消极情绪不能带给我们任何益处。例如，一场极其暴力的电影让我们经历消极的磨难，我们将目睹远远超过我们需要的恐怖。对无端的消极情绪我们一定要坚定地说“不”！我们要减少这样的消极情绪。

三　积极情绪与消极情绪的最佳配比

积极情绪是不是越多越好？ 消极情绪是不是完全消失才好？ 为了回答这些问题，我们需要找到一个配方，让我们拥有适度的积极情绪，这就是神奇的积极率。

著名心理学者马歇尔·洛萨达（Marcial Losada）提出过一个命题，一个人的积极向上的情绪是由积极情绪和消极情绪综合而成的，当积极情绪与消极情绪的比例为 17：6 的时候，人是最积极向上的。 17：6（比值约为 2.9013），被称作心理学的魔力数值。 不管是团队还是个人，当积极情绪和消极情绪的比值大于 2.9013 时，团队或者个人就会积极向上，反之，则会比较消极低沉。

2.9013 被称为神奇的积极率，这个比值接近于 3：1，通俗的理解是，一份消极情绪导致的减退效应必须要用三份积极评价、体验或者表达才能抵消。 当比值跨越关键的 3：1 界限时，我们会快乐和自足，而且更有创造性、坚韧性和效率。 积极情绪能带给我们更多的快乐，使我们做事情更有效率。

然而积极情绪太高的话，也会出现很多的问题。 比如，积极情绪过高的人给人一种打了鸡血的感觉，让身边的人受不了。 个人太过积极一段时间之后，也会明显感觉后力不足，或者如同橡皮筋一样，用劲过大就会扯断。 因此，积极情绪要在一定范围内增加。 数学模型告诉我们，这个比例的上限大约为 11：1。 超过这个临界点，人反而开始消极。

弗雷德里克森把积极情绪与消极情绪的比例看作是浮力与重力间的平衡。浮力是一种把你举向天空的无形的力量，重力则是把你拉向地面的力量。 不加抑制的浮力让你轻狂、不踏实和不现实；而不加抑制的重力，则让你在大堆的痛苦中坍塌。 但是一旦这两者适当地结合起来，它们会让你振作、灵活、现实，并为一切做好准备。 适当的消极情绪传递着重力的承诺，让你脚踏实地。相比之下，由衷的积极情绪提供了让你振作和欣欣向荣的旋梯。

四　提高积极率

积极率决定你能否在生活中欣欣向荣，因此，如何提高它至关重要。 科学表明，我们可以通过学习重塑情绪来增加相关的积极情绪。

提高积极率可以有三种方法：增加积极情绪，减少消极情绪，或两者并行。

1. 增加积极情绪

第一，真诚。为了增加积极情绪，我们需要让自己足够地慢下来，用心去看，去听，去感受，带着一种真诚的态度，与美好建立联系。

第二，找到生命的意义。提升积极情绪的一个关键途径就是，在日常生活情境中更加频繁地找到积极的意义。正如谈论天气时，我们可以说部分多云，也可以说部分晴朗；杯子可以说是半空的，也可以说是半满的。生活中所面对的大多数情况都不是百分之百糟糕的，我们始终有机会发现好的方面，因此我们应在当前的情境中诚实地强调积极意义。当我们将不愉快甚至是悲惨的情况以积极的方式重新定义时，积极情绪就提高了。

第三，品味美好。品味美好的方法就是：在好事情发生以前就提醒自己，如果这件事情发生时要对自己说“太美妙了”；当事情发生的时候，就要完全陶醉其中；在这个事件过后，要在自己的想象中重演它，重温它带给自己的一切美好感觉。会品味美好的人们，能从生活中汲取更多的积极情绪。

第四，数数你的福气。日常生活中看似平凡的方面，往往藏着值得珍惜的礼物。例如，你在每天上下班的路上都会经过一家摆放着大桶鲜花的店铺，你意识到鲜花给人们带来喜悦，而此时此刻，这满满的喜悦全都是你的。你欣赏着鲜花生动的颜色和浓郁的香气，你的眼睛睁大了，你觉得充满生机，并感受到了幸福。将看似平凡的事件转变为福气，记下值得感恩的事件，会提高我们的积极情绪。

第五，计算善意。一方面，当他人对你友善时，你会充满感激之情；另一方面，你也可以对他人表达善意，并对每一个善意的举动保持日常的统计，你的积极情绪也将大大地提高。你可以在固定时间做一些好事，如每周或每月从事志愿者工作，这些都能够给你带来很多的积极情绪。科学研究表明，帮助他人能使自己长寿。

第六，追随你的激情。带着激情生活，给自己玩乐的权利，能够让你获得心流体验。心流是指一种将个人精神力完全投注在某种活动上的感觉。心流产生时，人会有高度的兴奋及充实感。在那些高峰时刻，你完全投入活动中，这些活动所提出的高挑战与你不断增长的技能匹配良好。有些人在他们的爱好中进入心流状态，在这种心流状态下，“钓鱼”可不是“捉鱼”，“烹饪”也绝不是“做饭”。充分投入，充分参与，能让你体验到更多的积极情绪。

第七，梦想你的未来。为自己构想美好的将来，并非常详细地将之形象化，思考如何使每天的目标和动机与未来的梦想相匹配，可以使你的积极情绪表现得更稳定。

第八，利用你的优势。每天都找机会做自己最擅长的事情，这样可以使你拥有更多的积极情绪。研究表明，了解自己的优势可以带给你一个高峰。所以要了解自己，寻找自己的优势。

第九，与他人在一起。每天花更多的时间与自己亲近的人待在一起，无论是爱人、亲密的朋友还是家人，这样你可以从这些社会交流中吸取更多的积极情绪。

第十，享受自然的美好。自然环境与社会环境一样重要。因此，提高你的积极情绪的另一种非常简单的办法就是到外面去，更确切地说，就是在春光灿烂的好天气里外出。研究表明，每一个在好天气里花时间外出的人，都表现出积极情绪的增长和更加开阔的思维。

第十一，打开你的心灵。保持开放，积极情绪会随之而来。积极情绪开启思维，反过来，开放也会带来积极情绪。人们可以通过冥想和静修，不断地练习觉知力，提高开放性，从而使积极情绪充满全身。

2. 减少消极情绪

如前所述，消极情绪是我们应对外界威胁的一种反应，它可以保护我们更好地生存下去。只不过，由于人类大脑进化缓慢，跟不上时代的进展，消极情绪由曾经的保护个体生存变成了阻碍个体发展。例如，惧怕让我们畏首畏尾，做事犹豫不决，因此错失了很多的机会，而焦虑给我们带来了失眠等痛苦的体验。因此，我们要做的是减少消极情绪。我们可以做一些事情让自己忘掉烦恼，如慢跑、游泳、做瑜伽等；我们可以把烦恼哭出来；我们还可以去欣赏让我们厌恶的人……

减少不恰当或无端消极情绪的方法有如下几种。

第一，反驳消极思维。消极思维会滋生消极情绪，如“她不和我说话一定是生我气了”这种消极思维会导致“生气、恼火”这样的消极情绪。反过来，消极情绪也会孕育消极思维。当消极思维和消极情绪呈现恶性循环时，你就被拉入了深渊。阻止这种恶性循环的方法之一就是反驳消极思维。我们可以运用美国心理学家阿尔伯特·埃利斯（Albert Ellis）的合理情绪疗法，反驳那些绝对化、以偏概全或糟糕至极的消极思维。例如，当消极思维是绝对化要求时，我们可以反驳：“有什么证据表明我必须获得成功？”“别人有什么理由必须对我友好？”当消极思维是以偏概全时，我们可以质问自己：“我怎么证明自己是个毫无价值的人？”“如果我完不成某一个任务，我整个人生难道都失败了？”当消极思维糟糕至极时，我们可以质疑：“如果这件可怕的事情发生了，世界就会因此而灭亡吗？我会因此而死去吗？”“怎么证明我真的受不了啦？”我们应学会反驳扭曲的消极思维，质疑消极思维，将消极情绪扼杀在萌芽中。

第二，打破思维反刍的桎梏。思维反刍发生在你一遍又一遍地重温消极想法和感受时。你要“想通这件事”，但却无法取得任何进展，思维陷入僵局，情绪变得低落，而你却不知所措。打破思维反刍的方法是发现那个恶性的循环，然后选择做一些完全不同的事情或活动，比如慢跑、游泳、修理自行车、举重、冥想或做瑜伽。这些有益健康的事情或活动会给你帮助，把你的思维从麻烦中转开。

第三，变得更有觉知力。如果在发生一件事情后，能观察到自己情绪的变化，及时处理，后面的事情就不会发生。而且发现得越早，自己越有能力处理；发现得越晚，情绪则会积累得越厉害。所以，情绪不能靠控制解决，要靠觉知力。觉知力就是以一种特定的方式保持注意，以完全的意识，不加评判地关注自己的内心体验，察觉情绪，观察情绪，消极情绪会自然消失。我们可以通过学习正念，参加冥想练习，来提升自己的觉知力。

第四，拆除消极情绪地雷。我们无法避免所有引发消极情绪的情况，但是可以有三个办法来制止。一是改变情境中的消极要素。例如，如果你觉得上下班是一个特别的拖累，你可以选择远程办公，或是搬到离办公室很近的公寓里；如果你觉得长途驾车是不可避免的，你可以试着把驾驶转变成一段令人愉快的学习体验，如听听诗歌或小说。二是植入带来积极情绪的要素。假如你的每个工作日的早餐和午餐吃得都很匆忙，并且在吃饭时总是思考如何安排今天的工作，那么，你需要对注意力进行分配，吃饭时应全神贯注，感受吃饭本身带来的愉悦。至于工作任务，你可以在用餐之前或之后拨出时间来整理，列出事务清单，不让它们在你吃饭的时候侵入你的思维空间。三是改变事情的意义。例如，你可以把“写一页半扔两页”理解成自己是一个失败者，但是也可以将它理解为自己是一个作家；你可以把看牙医看作是一次痛苦的体验，但是也可以将它看作是一次对于不适的挑战。

第五，调整对媒体信息的摄入。我们会从媒体中了解到一些正在发生的、不可避免的、糟糕的事情，如森林火灾、枪击、战争等。事实证明，消极情绪畅行无阻，它抓取你的注意力，把你吸引进来，并让你一直关注着。当媒体工作者把这些糟糕事件汇聚在一起的时候，呈现出来的画面是不平衡的。人们越经常看电视或上网，对世界的判断就越暴力，也会因此严重高估暴力行为的比例。因此，我们有必要改变对媒体信息的摄入，从而挡住不必要的消极情绪。

第六，为嚼舌与嘲讽找替代品。语言暴力会给人造成极大的伤害。你对他人的小毛病的嚼舌或者讽刺、挖苦也会让你付出代价，它会降低你的积极率。所以，当你谈论别人的时候，强调他们的积极品质和好运，而不是他们的缺点和错误；当你想要取笑别人的时候，轻描淡写地说一句一语双关的话，而不是冷嘲热讽。避免制造这些消极情绪，提升自己的积极率。

第七，应付周围的消极源。 假如在你的身边，某个人不断地出现，并无缘无故地带来消极情绪，如坐在你旁边的爱抱怨的同事或者是动不动就发怒的老板，你可以有三个方法来应对。 一是改变和这些人交往的典型情境。 二是改变视角，关注一下他们的积极品质，给予更多欣赏。 三是赋予这些情境以意义。 例如，把由一个迟到者带来的干扰而引起的愤怒重新定义，默默地感谢迟到者，把这当作一个学习的契机，因为它帮助我们练习不批判和不回应。 感激会为我们建立同情心，并恢复我们的宁静。

幸福行动

积极情绪能够帮助我们改变坏习惯，让我们的思维更加开放，让我们与他人的关系更加紧密，还能够让我们更加健康。 让我们从现在开始，通过幸福行动，开发我们的积极情绪，加深我们的幸福体验。

练习一　幸福冥想

找一个安静的地方。 找张椅子坐在上面，或是盘腿坐在地上。 确定自己舒适，但背部和颈部要挺直。 自主决定是否闭上眼睛。

深呼吸，全身心沉浸在一种平静的心境中，每次吸气都要把气吸足，然后慢慢地呼出。

检查一下自己身体的各个部位。 如果某个部位感到紧张，以吸入的气去缓和那个部位。 然后在接下来的 5 分钟里或是更长的时间里，把注意力放在你的深呼吸上。 如果你的注意力被打断，或是思路乱了，慢慢地把它们调整回来。

继续深呼吸，让积极情绪灌注全身。 你可以想象自己非常开心，就像是与爱人共处时一样。 用 30 秒到 5 分钟的时间，让这种积极情绪包围你，在你体内流淌。

如果经常做这个练习，你甚至不需要再去想象什么情境，只要想着幸福、宁静或是欢愉这样的字眼，就能把积极力量引发出来了。

把冥想变成习惯。 每天早上起床时，午饭时间，或是午后，用 10 分钟到 1 小时的时间来做冥想。 当冥想成为日常习惯后，你可能只需要 1～2 分钟的时间就够了。每当你感到有压力时、愤怒时或是想要开心一点时，只需要来几下深呼吸，就可以带出积极情绪。安静的地方是最理想的，但火车上、出租车上或是办公桌前其实都是可以的。

（资料来源：泰勒·本-沙哈尔《幸福的方法》）

练习二 建立积极情绪档案袋

将那些在你和每一种积极情绪之间创造出由衷联系的事物和纪念品放到一起，装进一个档案袋。

把每种情绪做成一个项目，就好像是你在为一门课完成一项作业。

档案袋中可以包含照片、信件、名言，或者对你而言带有深刻个人意义的物品。档案袋可以是一个简单的文件夹、小盒子、小型的剪贴簿、网页或电子相册。

投入时间完成作业，关于喜悦，关于感激，以此类推，直到你完成关于爱的那一项。

不要急于完成，慢慢品味并享受这个过程！

（资料来源：芭芭拉·弗雷德里克森《积极情绪的力量》）

超级链接

积极情绪自我测试

你在过去的 24 小时中感觉如何？回顾过去的一天，利用下面的量表，填写你体验到下列每一种情绪的最大量。

0＝一点都没有　1＝有一点　2＝中等　3＝很多　4＝非常多

1. 你所感觉到的逗趣、好玩或可笑的最大程度有多少？ ______
2. 你所感觉到的生气、愤怒或懊恼的最大程度有多少？ ______
3. 你所感觉到的羞愧、屈辱或丢脸的最大程度有多少？ ______
4. 你所感觉到的敬佩、惊奇或叹为观止的最大程度有多少？ ______
5. 你所感觉到的轻蔑、藐视或鄙夷的最大程度有多少？ ______

6. 你所感觉到的反感、讨嫌或厌恶的最大程度有多少？ ______
7. 你所感觉到的尴尬、难为情或羞愧的最大程度有多少？ ______
8. 你所感觉到的感激、赞赏或感恩的最大程度有多少？ ______
9. 你所感觉到的内疚、忏悔或应受谴责的最大程度有多少？ ______
10. 你所感觉到的仇恨、不信任或怀疑的最大程度有多少？ ______
11. 你所感觉到的希望、乐观或备受鼓舞的最大程度有多少？ ______
12. 你所感觉到的激励、振奋或兴高采烈的最大程度有多少？ ______
13. 你所感觉到的兴趣、吸引注意或好奇的最大程度有多少？ ______
14. 你所感觉到的快乐、高兴或幸福的最大程度有多少？ ______
15. 你所感觉到的爱、亲密感或信任的最大程度有多少？ ______
16. 你所感觉到的自豪、自信或自我肯定的最大程度有多少？ ______
17. 你所感觉到的悲伤、消沉或不幸的最大程度有多少？ ______
18. 你所感觉到的恐惧、害怕或担心的最大程度有多少？ ______
19. 你所感觉到的宁静、满足或平和的最大程度有多少？ ______
20. 你所感觉到的压力、紧张或不堪重负的最大程度有多少？ ______

计分

量表中的每个项目都包含了相互联系却又不完全一样的三个词。通过这种方式，每一个项目都描述了一组具有重要相似性的情绪，使得这个简短的测试更加准确。为了计算你在过去一天中的积极率，请遵循下列五个简单步骤。

第一，回顾并圈出反映积极情绪的10个项目，即那些包含下列词语的项目：逗趣、敬佩、感激、希望、激励、兴趣、快乐、爱、自豪和宁静。

第二，回顾并画出10个反映消极情绪的项目，即那些包含下列词语的项目：生气、羞愧、轻蔑、反感、尴尬、内疚、仇恨、悲伤、恐惧和压力。

第三，数一数圈出的积极情绪项目中，被你评定为2或以上的有多少。

第四，数一数画线的消极情绪项目中，被你评定为1或以上的有多少。

第五，将你的积极情绪得分除以你的消极情绪得分，算出你今天的积极率。如果你今天的消极情绪数量为0，用1来代替它，以避免除数为零的问题。

（资料来源：芭芭拉·弗雷德里克森《积极情绪的力量》）

第三章

幸福是对意义的追求

幸福是可遇不可求的，幸福只会伴随着某些东西款款而来。

——维克多·弗兰克尔

开启幸福

对幸福的过度追求，使幸福从我们的指缝中溜走。那些只追求幸福的人只有从其他人那里得到了好处，才会变得幸福。但是那些追求生命意义的人，会在给予他人时享受到愉悦。幸福的生活和有意义的生活有什么区别呢？

材料一

在和大学生聊天的时候，我发现了一个普遍的现象，就是人们常把这样的话挂在嘴边：“人活着究竟是为了什么？”“活着真没意思，还不如死了。”“我觉得我的人生毫无意义。”“人生是没有意义的，我早就看透了。”“我希望世界末日是真的。”

无论他们说的是上面哪句，其中的意思都是一样的，那就是他们不知道人活着是为了什么，他们无法发现生命的意义，他们宁可死去也不想这样无目的地活着。

但是，随着交谈的持续，我发现没有意义只是句抱怨，他们也有目标，也有愿望，也有憧憬，只不过在他们每说完一个愿望之后似乎总会加“但是”这样的词。比如，我希望赚很多钱，但是我当初高考失误了，没考上好的大学；我想过自由的生活，但是我的家人不会同意我离开家独自生活；我有很多梦想，但这个社会是人情社会，即使我再努力也没用。他们的语气很类似，第一句是说明自己想做的，第二句是说明自己无法做到的原因。

当一个人想做的事被阻遏之后，他的第一反应往往是愤怒。但长时间愿望的扼杀会带来强度不等的焦虑。所以，几乎所有自称找不到人生目标的人都会有未知原因的焦躁、烦闷和恐惧。他们不知道自己出了什么问题，但是他们很确定自己出了问题。

当我遇到越来越多失去自身意义的人之后，我开始意识到，自我价值感的丧失已经成了一种时代病。结合无数的社会现实，我们有必要开始对当今社会环境下符合我们身心的生活模式进行探寻。

对人生意义的探索会带给我们巨大的利益。这个过程确实充满挫折，但放弃不是勇者的选择，我们的心一直告诉我们人生是有意义的，但必须自己寻找，那才是真正属于我们自己的。

中国多数儿童从小到大一直被家长或社会灌输的价值观是：考上最好的初中、最好的高中、最好的大学，然后找一份轻松的工作成家立业，这就是“令人羡慕”的人生。但当这个孩子即将走出校园跨入社会时，当他发现这个世界根本不是想象中的样子时，他的人生目标可能会逐渐模糊，梦想会逐渐遗失。因此，部分大学生在面临现实和理想的差距时无所适从。

（资料来源：龙兴侯《你觉得生活有意义吗》，有删改）

材料二

1942年9月，当时居住在维也纳的著名犹太精神病学专家和神经学专家维克多·弗兰克尔(Viktor Frankl)连同他的妻子和病人一起被纳粹逮捕并押送至集中营。三年后，当他从集中营中被解救出来时，他有孕在身的妻子和其他大部分家人都早已不在人世。但他作为119104号囚犯活了下来。1946年，他用了九天时间写下了他在集中营中的经历并出版成书。在这本名为《活出生命的意义》(*Man's Search for Meaning*)的畅销书中，他总结了生与死之间的差异：那就是生命的意义。这是他对早年生活的一种顿悟。在他上高中时，一名教授科学的老师站在讲台上告诉他们：“生命的进程就像是燃烧，这不过是一个不断氧化的过程而已。”弗兰克尔立刻从椅子上起来反驳：“先生，倘若生命果真如此，那生命的意义何在？”

在他被关押期间，他发现即使生活在这最骇人的环境之下，一旦找到了生命的意义，一个人的生存适应力也会大大提高。他在《活出生命的意义》一书中写道：“在这里，从一个人最宝贵的生命到一件最微不足道的物品，一切都可以被轻易夺走。在这里，我们只被保留了人性中最后一点自由，那就是在任何已经给定的环境下，决定自己的生活态度，决定自己的生存方式。”

弗兰克尔在集中营中担任医生。在书中，他提到了集中营中两名想要自杀的囚犯。就像集中营中的其他人一样，这两人早已感到心灰意冷，生无所恋。弗兰克尔写道：“在这两个案例中，我需要让他们意识到，他们仍为某些人所期望，他们仍有一个值得等待的未来。他们中有一人是一个孩子的父亲，他的孩子已经在国外生活。而另一人是一名科学家，他还有一套丛书需要完成。”

（资料来源：“There's More to Life Than Being Happy,”https://www.theatlantic.com/tealth/archive/2013/01/theres-more-to-life-than-being-happy/266805/,2017-10-25）

幸福秘笈

如果一块美味蛋糕最终还是会被吃完，那么你吃它的目的是什么？你的目的在于享受它。如果有人给你送上一块美味蛋糕（或者是别的美食，随你喜欢），你是否会回绝说："不，谢谢，蛋糕总有吃完的那天，所以吃它没有意义。"你当然不会！它的珍稀并不会减少它所带来的愉悦感。美味蛋糕看起来是不是很棒？人生也是。人生就是一场修行。有爱做的事情就去做，有爱的人就去爱，有想追求的东西就去追，有想提升的地方就去提升。在这个过程中，体验就是意义。为了进一步揭示幸福的意义，我们将从有价值和有内容两个方面来体现幸福的意义。

一　幸福的意义体现为有价值

有价值是意义存在的一项重要条件，让我们先从一个普通的咖啡杯来了解一下价值的产生。诺贝尔经济学奖获得者丹尼尔·卡尼曼（Daniel Kahneman）曾经设计了一个很有意思的实验，他通过买卖价格来解释价值的产生。他们让第一组（即卖方）的参与者每人先得到一个咖啡杯子，然后要求他们回答当别人想买他们的杯子时，对方最少需要付给他们多少钱，他们才愿意出售所得杯子。第二组（即买方）事先没有杯子，那他们要回答愿意出多少钱来买这个杯子。杯子是相同的，我们会觉得他们给出的价格应该是没有多大区别的。

但结果却是，卖方给出的平均价格是 7.12 美元，而买方给出的价格只有 2.87 美元。有意思的是，卖方给杯子的定价大概是买方给杯子定价的两倍，而且这个 2∶1 的比例曾被很多实验反复验证。也就是说，人们认为同一个东西的价值并不相等，放弃你所拥有的东西，要比得到同样的东西付出更多，而这个差价就是自我价值在杯子身上的增值。实验只是告诉你这是你的杯子，结果在你心里这个杯子的价值就翻倍了，被赋予了不同的意义。

如果杯子的事还是不能让你明白有价值与意义之间的关系，那让我们从贵州省贵阳市环卫工人身上来感受一下。中新社2014年发布了这样一条新闻，标题是《失地农民变富翁　开车上班做环卫》，新闻介绍了贵阳市观山湖区环卫所有1000多名环卫工人，其中近800名是“失地农民”，这些环卫工人是“失地农民”，他们在土地被征调后干起了环卫工。这些人中大部分并不贫穷，有的家里甚至有几套房子。他们当中近200人为了上班方便，还买了车。在月薪不到2000元的情况下，这些农民出身的“富翁”，却坚持每天早上6点半开始清扫大街，继续当着一名充满幸福感的环卫工。47岁的康明秀在自己的车旁边清扫责任路段。在问起为何还要做这份工作时，她回答说，当初新区建设还不成型时，灰尘比较多，天天灰头土脸，如今路面更加干净，没理由不再坚持下去，或许会一直干到退休。

人生的价值包括人生的社会价值和自我价值两个方面。持久的自我价值感是一种较稳定的人格倾向，是个人在社会生活中，客体的自我对社会主体以及主体的自我的认知和评价，是一种正向的自我情感体验。自我价值感包括三个层次（总体自我价值感、一般自我价值感和特殊自我价值感），两种类型（社会取向和个人取向）。其中，总体自我价值感抽象程度最高，比较泛化、概括化；一般自我价值感的抽象程度次之，反映了个人长期维持的基准水平；特殊自我价值感的抽象程度最低，体现在生理、心理、人际、道德和家庭等具体方面，比较容易随社会角色、身份的改变或重大事件的发生而波动。总体自我价值感来源于对一般自我价值感的整合，而一般自我价值感则来源于对特殊自我价值感的整合。自我价值感对个人的认知、情绪和行为具有影响，也影响着个体的身心健康，在整体上与主观幸福感呈现出较强的相关。

汪宏等人（2006）认为，影响主观幸福感的因素很多，在这些因素中，人格是预测幸福感最为可靠的因子之一。自我价值感作为一种稳定的人格倾向，与主观幸福感的关系非常紧密。自我价值感与主观幸福感都涉及情感体验的评价，且强调个体自我认识、自我评价，因此两者都与个体自己的认知和情感体验有关。此外，已有的一些研究从与两者有关的因素着手探讨它们之间的关系。例如，威尔逊（Wilson）就发现自尊与主观幸福感有着较强的相关；许布纳（Huebner）等人的研究也说明，青少年总体生活满意度与总体自尊呈中等程度的相关；我国的张雯和郑日昌（2004）也发现大学生幸福感指数与自尊总分呈显著正相关，其中总体情感指数与自尊的相关最高。自我价值感与某些影响主观幸福感的因素也有关系。例如，龚艺华和黄希庭（2005）的研究表明，大学生自我价值感水平的高低及其不同因子和层面与心理控制源存在显著的负相关，即高内控的大学生自我价值感水平也高。由上可见，价值感是现实生活中追求有意义生活的重要内容。而价值感又可以从付出感和使命感两方面来获取和提升。

1. 付出感——收获幸福的意义

埃德加 · 爱伦 · 坡（Edgar Allan Poe）曾说过：“生命中最美好的那些事物会让你辛苦流汗。”

巴金也曾说过：“生命的意义在于付出，在于给予，而不是在于接受，也不是在于争取。”

生命的意义感对个体幸福感有着促进作用。无论是亲情、爱情、友情还是学习和事业，都需要人们去付出，在付出中体验自我的价值，在付出中感受到回报，在付出中体会生命的意义。有机会为了自己热爱的一切付出，这本身就是最大的幸福。

沃特曼（Waterman）认为，幸福发生在人们从事与深层价值最匹配的活动中，是一种全身心的投入。个人依据“真实自我”（trueself）努力生活，实现自身的种种潜能（自我实现），由此产生了一种状态，沃特曼称这种状态为“个人表现”。因此，沃特曼将幸福分成两种：一种是个人表现的幸福，是指个人全心全意地投入活动中时，意识到自己的潜能得以充分发挥，自我得以表现，进而有助于达成自我实现的体验，是实现自我的愉悦。另一种是尽情享乐的幸福，是指个人在活动中体验到自己的生活或心理需要得到了满足的一种体验。

亚里士多德肯定幸福是人的幸福，认为“幸福为心灵的活动”。快乐虽然属于幸福，但幸福却不能归结为快乐。纯粹为追求快乐的行为是不能称为幸福的，快乐必须在理性的控制下达到适中的程度，才能称为幸福。他认为“至善即幸福”，至善是由各个具体的善积累而成的，是在现实生活中通过德性的活动而达到的。幸福不是品质，而是现实活动。具有理性思维的人会有一种崇高的目标，他能为崇高的目标去奋斗，从而达到幸福，而缺乏理性原则的人则不可能有幸福。人们要幸福，达到至善，就必须决心克服一切艰难险阻，在各种困难的环境下充分发挥自己最大的功能，为崇高的目标奋斗，这样即使再苦再难再险，也应该是幸福的。

2. 使命感——建构幸福的意义

阿尔贝 · 加缪（Albert Camus）说：“若你一直在追寻快乐是如何构成的，你将永远不会快乐。若你一直在寻找生命的意义，那你等于白活一场。”

约瑟夫 · 坎贝尔（Joseph Campbell）也说过：“生命本无意义。我们每一个人才有意义，并把它带入各自的人生。当你就是答案本身时，而你却一直在问此问题，这是一种浪费。”

近年来，师范生职业使命感的话题正在复苏。师范生对人生意义的感悟被认为是一个非常重要的相关因素。积极的人生意义体验，加之正确的职业使命感，会对师范生的学习和生活带来正面作用。

在现代社会，工作是人类生活中的重要组成部分，并被人们以各种各样的方式主观建构着。从古希腊时期工作被看作是一种诅咒到文艺复兴时代被看作是一种将人类与上帝发生联系的方式，从马克斯·韦伯（Max Weber）将工作看作是一种自我实现行为到弗洛伊德（Freud）将工作看作是一种自我否定行为（Hardy，1990）。近年来，随着人们对人生意义感的重视和追寻，一个来自宗教学的概念——使命感，在职业心理学和管理学界中再度复活，并得到管理实践界的重视。谢宝国等人（2016）指出，工作使命感是一个正在复苏的重要课题。使命感不仅具有现实存在性（Duffy，Allan，Autin & Bott，2013），而且在进一步丰富人们对大量组织现象的理解方面也非常具有潜在价值（Elangovan，Pinder & McLean，2010）。因此，使命感近年来得到了西方学者的极大关注，相关研究成果如雨后春笋般增长。

从概念的演进过程来说，使命感是一个由神圣化向世俗化转变的过程，并已成为一个跨学科（宗教学、社会学、职业心理学和组织行为学）的概念。在传统宗教背景下，使命感仅指向神父、牧师、传教士和修女等神职人员。16—17世纪，随着新教改革运动的兴起，马丁·路德（Martin Luther）将使命感从修道士霸权中解放出来。他认为所有工作都有可能是服务于上帝的感召式工作，使命感适用于所有人，普通人也能感受到上帝的召唤。

20世纪80年代中期，社会学家罗伯特·贝拉（Robert Bellah）及其同事将使命感世俗化，区分出人们对待工作的三种取向。第一种为谋生取向（job orientation）。持这种取向的人主要是为了从工作当中获取物质回报，工作本身不是目的而是帮助个人获取享受必需资源的工具。第二种为职业取向（career orientation）。持这种取向的人对工作具有更深的个人投资，工作的目的是为了获取晋升、声望和地位。第三种为使命感取向（calling orientation）。持这种取向的人工作的目的是为了个人实现，他们重视工作对社会的贡献。进入21世纪，随着学术界和实践领域对工作内在价值感和积极意义的重视，使命感逐渐进入职业心理学和组织行为研究者的视野，并得到极大复活。相较于社会学家贝拉，马德森（Madsen）、沙利文（Sullivan）、斯威德勒（Swidler）、蒂普顿（Tipton）仅强调工作对公共福祉的价值。职业心理学家和组织行为家还比较强调工作对个体自我实现的价值。

由于世俗化之后的使命感横跨职业心理学和管理学，探讨使命感对大学生职业选择与发展的影响涉及的变量主要有心理健康、生活满意度、职业满意度等。相对于使命感与员工心理健康之间的关系而言，使命感与员工生活满意度之间的关系得到了研究人员比较多的关注。使命感可以显著正向预测员工的生活满意度。彼得森、帕克、霍尔、塞利格曼（Peterson, Park, Hall & Seligman, 2009）的大样本（N=9803）研究表明，使命感与员工生活满意度之间的相关系数为 0.32。

近年来，学者们对该议题的研究转向探讨使命感为什么会影响员工生活满意度上来。托里和达菲（Torrey & Duffy, 2012）认为，使命感可以通过核心自我评价正向影响员工生活满意度。核心自我评价的中介作用会受到个体雇佣状态的调节，即对于有工作或自愿离职的个体而言，核心自我评价只能部分中介使命感与生活满意度之间的关系。而对于非自愿离职的个体而言，核心自我评价完全中介使命感与生活满意度之间的关系。达菲、艾伦、奥廷和博特（Duffy, Allan, Autin & Bott, 2013）的研究还显示，使命感可以通过提升工作意义，进而提升生活意义，从而对员工的生活满意度产生正向影响。普拉科娃、格利德、胡德（Praskova, Greed & Hood, 2015）的研究还显示，使命感还会通过工作努力、情绪调节和职业策略三个自我调节过程变量对员工生活满意度产生影响。我国研究人员胡湜和顾雪英（2014）认为，使命感可以显著预测员工的职业满意度。工作资源水平越高，职业韧性对使命感与职业满意度之间关系的中介作用越强。

二 幸福的意义重在有内容

1. 现实感——从活在当下感受幸福

意义不是一个固定的东西，它是一个可变的东西，在不同的人生阶段代表不同的东西。马斯洛（Maslow）的需要层次理论也证实了意义可变的观点，在人生不同阶段是随着需求而变化的。

意义存在的正确的顺序可以理解为：先存在≥因为活着而有需求≥把需求当作意义。在这个过程中，个体需要先接受一个事实，即活着、以生命的形式存在的事实，而不是逃避这个事实。当个体真正接受这个事实后，才会开始思考：既然现在我活着，我可以做点什么？

然而接受这个事实，对有些个体来说是不容易的，就像心理学上的接纳不完美的自己一样，接纳自己不完美的生活，接纳自己暂时不思考意义的存在。个体从出生就未能赋予任何意义，人生来不曾知道自己为何而生，而活下去，继续生存就是生命的原因。无论个体这一生的意义是什么，在活着的这一生所能做的选择都是根据短期或长期个体需要来决定的。虽然对个体来说生命的意义是未知的，但对整个人类的进化来说，个体的生命也许有存在的意义，但是这个视角太宏观。从个体微观层面来感受宏观的存在，是非常虚幻的，个体根本感受不到任何历史使命的意义。因此，对个体而言，先以生命形式存在就是活着的意义，在这个有限的基础上思考需求，才能从意义的有限性中解脱出来。

举个最简单的例子，你从不会因为 2+2=4 这个公式而苦恼，你不会想 2+2 为什么等于 4。因为你很清楚地知道执着于这个公式而苦恼是没有意义的，因为你接受了 2+2=4，所以你从不会为此苦恼（理论来源：耶鲁大学公开课《死亡》）。意义也是如此，只有你接受存在的事实，才不会苦恼。

那么不思考意义、没有意义会让你变空虚吗？不，一旦接受了这个设定，个体就从意义的枷锁中解脱出来。没有了意义的束缚，个体应该更自由，因此可以做自己想做的事情而不是意义让你做的事情。从这个层面来说，个体才可以真正掌控自己的生活，而不按固有的设定来生活，而是按照个体自己设想的方式发展。所以不是先找到意义然后再活着，而是先努力生活，然后你自然会给自己赋予一个自己满意的意义。

对于当代大学生来说，认真的态度就是对意义最好的诠释，认真学习、认真赚钱、认真去爱、认真体验生命的美好、认真见识新世界。个体认真以当前存在形式活着，这是个体对自己意义最好的理解和控制，对自己人生未来在哪些方面进一步拓展最好的操作。一个活在当下的个体就是热爱生活，只有认真活着，你才有机会明白为什么活着。这就是真正完全摆脱这种意义问题的困扰的方法，那就是积极，乐观，阳光地去拥抱生活，活在当下！

对于大学生而言，意义是一个很重要的命题，他们对为什么学习和找什么样的工作都有着很多的焦虑与担忧。有研究认为，我国高校扩招在客观上加剧了大学生的心理问题，主要表现有择业期望过高、择业性焦虑和超前择业心态。这些问题呈弥漫性渗入的方式影响着大学生的生活，进而影响到大学生就业与择业的现实适应性，乃至整个社会的可持续发展状态。有研究表明，大学生择业心理问题与大学生在“现实性—理想性”方面的心理冲突有很大关系。一年级大学生更具幻想性。一方面，他们刚刚步入大学校园，对大学生活充满憧憬；另一方面，他们处于适应期，大学环境与中学环境不同，学习方式由原来的严格管理转变为自主管理，发生了巨大变化，且大学文化与中学文化相比具有多元化的特征，这些因素导致一年级大学生充满新奇和幻想。

2. 沉浸体验幸福瞬间

美国芝加哥大学著名的心理学家米哈里·契克森米哈赖（Mihaly Csikszentmihalyi）在做博士论文时访谈了数百名国际象棋选手、艺术家、攀岩爱好者、作曲家和运动员，这些不同的受访者报告了自己之所以持续不断地从事这些活动而不厌倦是因为他们在活动时都获得了一种非常相似的、令他们十分兴奋的情绪体验，特别是当他们从事的活动能顺利进行时，这种情绪感受如同“水流”，毫不费力且源源不断地出现。他将这种情绪体验称为 flow experience（“沉浸体验”或“心流体验”）。

当人们从事一种可控而富有挑战性的活动，而且这种活动需要一定的技能并受内在动机所驱使时，就会产生沉浸体验。为了产生沉浸体验，人们必须把握好时机来完成这些任务，必须有明确的目的和即时的反馈。这些活动要求人们全神贯注，以及全身心地投入。在完成此项工作后，重新出现的自我仿佛更强大了，自我意识也得到增强。在沉浸体验中，人们的时间知觉也不同寻常，有时 1 小时过去了就像才过去 1 分钟，而有时几分钟又像几小时那样漫长。

沉浸体验往往既包括人的感官体验，又包括人的认知体验。感官体验是指对人有一定的挑战，但主要利用人的感官，让人感觉到爽或刺激的体验，如游乐场，迪士尼主题乐园。利用感官刺激达到的心流状态很难维持长久。认知体验主要是指通过人的认知经验来达到的心流状态，如下棋、扫雷等策略游戏。事实证明，既包含丰富的感官经验，又包含丰富的认知体验的活动才能创造最令人投入的心流状态。游戏是最容易使人达到心流状态的活动。KTV 的环境与灯光营造出让人分不清白天与黑夜的感觉，商场环境注重打造的是让人沉浸在购物中流连忘返的氛围，这些都是使用沉浸式设计来让顾客长时间驻足的例子。

人们可以根据任务中面对的挑战，最大限度地发挥技能，从而逐步发展活动角色，以此来提高沉浸体验的频率。人们可以通过提高跳舞技能、节奏练习或冥想以提高以仪式化为基础的沉浸体验的频率，也可以通过参加一项或多项运动以提高以运动为基础的沉浸体验的频率。在这些领域中，人们一旦成为技能高超的人，并且不断地进行有规律的练习，那么其所面对的技能的挑战性就会降低。人们可以通过以下几种方法来提高沉浸体验的频率。

第一，参加具有挑战性且需要技能的活动。带来沉浸体验的活动必定需要人们运用一定的技能才能完成，并且有可能接近人们的极限，更为重要的是人们认为自己可以胜任，有能力完成它。

第二，全神贯注与忘我。由于引发沉浸体验的任务都具有明确的目的和对能否达到目标的即时反馈，因此人们必须要全神贯注投入其中，甚至要达到忘我的状态。人们觉察不到独立于任务之外的自己。舞者成为舞蹈的一部分，歌者成为歌曲的一部分，水手成为船只的一部分。如果人们分神或进行自我批判，则会破坏沉浸体验，也会影响任务完成的质量，所以在沉浸体验中，人们不要问自己是否应该这样做，也不要去想是否还有其他更好的做法，这些都会干扰沉浸体验。当沉浸体验结束时，我们会感到自我变得更强大。

第三，时间的转换。当人们享受沉浸体验时，对时间的知觉会与平日不同。例如，人们在全神阅读的时候，会觉得时间过得飞快，几小时就像几分钟，此时，人们对时间流逝的体验被浓缩。而在有些沉浸体验中，时间则会被拉长。例如，划船时遇上狂风，虽然熟练运用技能应对不过几秒钟，但在沉浸状态中这些动作看上去仿佛慢镜头。

幸福行动

通过以上内容的学习我们可以看出，幸福不仅是快乐的体验，而且是意义的实现。人们应通过确立目标，全身心地投入，追求有意义的人生，实现自己的意义和价值，并享受意义追求的过程。马斯洛将自我价值的实现列为个人最高等级的需求。对于大学生而言，该如何发掘和利用自身的优势，全身心地投入，创造出对应的价值，从而获得自我实现呢？

练习一 如何发现自己的优势？

1. 优势的定义

优势是指能使一个组织体系或个人获得战略优先并进行有效竞争从而实现目标的某些强大的内部因素或特征。

2. 能力及分类

心理学中认为能力是成功地完成某种活动所必需的个性心理特征。能力有多种划分方法，按照它的功能可以进行如下分类。第一，认知能力：学习、研究、理解、概括和分析的能力，包括学习能力、记忆力、分析能力等。第二，社交能力：人们在社交活动中表现出来的能力，包括沟通能力、组织能力、适应能力等。第三，操作能力：操纵、制作和运动的能力，包括动手能力、运动能力等。

3. 如何发现自己的优势？

我们可以通过以下三点发现自己的优势。

第一，兴趣蕴含优势。优势往往蕴含在兴趣当中。如果你对一件事情感兴趣并能比一般人完成得更好，那么这就是你的优势，但是要注意兴趣并不能等同于优势。举个简单的例子，喜欢唱歌的人很多，但并不是每个人都能成为歌唱家。从兴趣入手，是发现自身优势的一种途径。把兴趣变成优势，还需要一些天赋和后天的不懈努力。

第二，潜能激发优势。很多时候一个人的优势并不会在日常生活中表现出来，但当他遇到压力或是一些极端情况时，自身的潜力得到激发，进而他在这一方面的能力也会随之显现。因此，人们要勇于尝试新事物，勇于挑战自我，每个人的潜能都是巨大的，勇于激发自身的潜能有利于进一步发现自己隐藏的优势。

第三，知识创造优势。优势分为两种，一种是与生俱来的优势，另一种则是通过后天的学习和努力所获得的优势。每个人都可以通过对知识的学习和熟练运用为自己创造优势。从小学到大学，我们不断地学习其实也是对自身优势的培养，在学习中我们发现自身所擅长的领域，不断深造，不断钻研，进而形成了我们自己的优势。（见图 3-1）

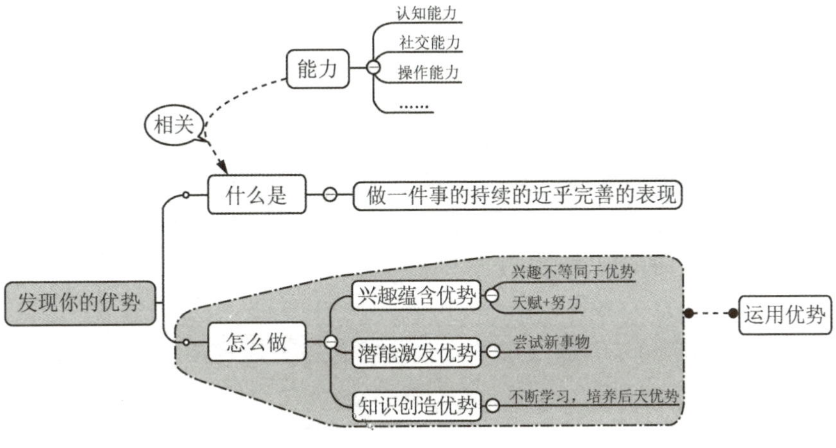

图 **3-1**　如何发现自己的优势

练习二　如何发展自己的优势？

1. 尝试有一定难度的工作与活动

李开复说过一个故事：他在苹果公司工作的时候，有一天老板突然问他什么时候可以接替老板的工作。他非常吃惊，表示自己缺乏管理经验和能力。但老板却说，经验和能力是可以培养和积累的，而且希望他在两年之后可以做到。有了这样的提示和鼓励，李开复开始有意识地加强这些方面的学习和实践。果然，两年之后他真的接替了老板的工作。

在运用自己的优势去获得成功时，不要忽略了自己还有许多潜在的能力。心理学家认为大部分人只发挥了自己所拥有的5%～10%的能力。尝试有一定困难的工作与活动，把潜能发挥出来，你的成就会大大超过你的期望。

2. 能力倾向测验

能力测验一般分为两类：一类是测先天的能力，即我们通常说的智力测验，主要是测第一类能力，即认知能力；另外一类是管理能力以及与具体职业相关的能力，它们可能综合了认知能力、社交能力、操作能力，其中有先天的部分，但很多是后天可以培养的能力。

能力倾向测评不仅可以预测成功，而且在预测失败方面有更大的效果，即它可以有效地预测要避免从事的职业。

超级链接

追求幸福，并不是生命的全部意义

根据盖洛普公司的调查报告，2012年美国人的幸福指数已经达到了四年来的最高纪录——也许这指的是标题中带有“幸福”二字的畅销书销量创下了新高。在报告中，盖洛普公司还提到，现在有近60%的美国人感到幸福，他们没有太多的压力和烦恼。另外，美国疾控中心的调查结果显示，约四成美国人并没有尽如人意的生活追求；还有四成人或者认为他们没有明确的生活追求，或者对他们的生存意义不置可否；近四分之一的美国人甚至根本没有对生存意义的感觉。研究已经证明：追求和具有充满意义的生活方式会全面地提升一个人的幸福水平和生活满意程度，并促进身心健康，提高恢复力，提升自尊，减少忧郁。而具有讽刺意义的是，那些一味追求幸福的人，反而感到不幸福。

近日一份研究显示，正如弗兰克尔所说的那样，对幸福的过度追求，反而阻挠了幸福的降临。心理学家对近400名年龄在18岁至78岁之间的美国人进行调查，询问他们对自己生活是否具有意义(或幸福)的看法。在长达一个月的调查中，研究者们根据调查对象对自身幸福感的评价和对生命意义的看法，并结合了调查对象的压力水平、消费习惯、是否抚养孩子等其他许多变量进行分析，结果发现充满意义的生活和幸福的生活虽然有一些共同点，但还是各有不同。心理学家最后总结道：在幸福的生活中，“得到”更多；而在充满意义的生活中，“给予”更多。

研究者还写道：“那些不追求生命的意义，而只追求幸福的生活，通常意味着相对浅薄、利己甚至自私的生活。在这种生活中，一个人的各种欲望和需求总是能被轻易满足，人们总是逃避困难和负担。”

幸福的生活和有意义的生活有什么区别呢？研究者们发现，幸福的生活通常意味着感觉良好。具体地说，那些感到幸福的人觉得生活是安逸的，他们身体健康，能够买到自己需要的东西。当他们囊中羞涩时，他们会感到生活缺少意义，幸福感下降。金钱对他们的幸福感有着重大的影响。而幸福的生活又可被定义为少有压力和烦恼的生活。

那些一味追求幸福的人有一个显著的特点，那就是自私。正如前文所言，他们只想着“得到”，却不知“给予”。心理学家给出了进一步的解释：幸福就是满足欲望。如果你产生了一种欲望或需求，比如你感到了饥饿，你吃了食物，填补了饥饿感，于是你感到幸福。人们感到幸福，换句话说，就是欲望得到满足。研究者还指出：人并不是唯一会感到幸福的物种。动物也有欲望和需求，当它们的欲望得到了满足，它们也会感到幸福。

“那些只追求幸福的人只有从其他人那里得到了好处，才会变得幸福。但是那些追求生命意义的人，会在给予他人时享受到愉悦。”凯瑟琳·沃斯(Kathleen Vohs)，这项研究报告的作者之一，在宾夕法尼亚大学的一次公开演讲上如是说。换句话说，当那些一味追求幸福的人忙不迭地满足自己无穷无尽的欲望之时，那些追求生命意义的人早已超越了自我。那些追求更高生命意义的人，更愿意伸出双手去帮助那些有需要的人。研究者写道：“总之，纯粹地追求幸福，只意味着对需要帮助的人视而不见。”

所以，追求幸福并不能将人从动物中区分出来，这只是生物的本能而已。“人的独特之处就在于对意义的追求。”罗伊·包麦斯特(Roy Baumeister)，这项研究的领导者，在他与约翰·迪尔尼(John Tierney)合著的新书《意志的力量：重新发现人类的力量》(*Willpower: Rediscovering the Greatest Human Strength*)中这样写道。包麦斯特是佛罗里达大学的社会心理学家，他曾在2003年被ISI(科学信息研究所)列为高引用率学者。

这项研究的参与者提到了许多奉献自己帮助他人、为了集体的利益牺牲自己而获得生命意义的经历。用当前在世的顶级心理学家塞利格曼的话说，追求有意义的生活，就是“用你的全部力量和才能去效忠和服务一个超越自身的东西”。举几个例子，给其他人买礼物、照顾孩子、提出见解，这些都是追求更有意义生活的方式。那些生活得更有意义的人经常会主动去追寻生命的意义，即使他们明知这是以自身的幸福为代价的。他们有着更多的烦恼、更高的压力指数，还比那些感到幸福的人有着更多的焦虑。例如，抚养孩子，这是一种有意义的生活体验，但也意味着自我牺牲，包括研究者在内的很多父母的幸福指数都不高。事实上，哈佛心理学家丹尼尔·吉尔伯特(Daniel Gilbert)的研究显示，与健身、吃饭和看电视相比，父母在与孩子互动时会变得更不高兴。

包麦斯特在一次访谈中告诉我：“在一定程度上，作为人类，我们要关心他人，并对他人有所贡献。这会给我们的生命带来意义，却不一定会使我们感到幸福。”

生命的意义不仅会超越自我，更会超越时空——根据研究者的说法，这也许是这项研究中最重要的发现。幸福只是一种存在于此时此刻的情感，最终它会像其他的情感一样消散殆尽。这些积极的影响和情感上的愉悦都是转瞬即逝的。人们关于幸福的报告都与时间相关，但关于生命意义的报告却并非都是如此。

生命的意义是具有持久性的。它连接着过去、现在和将来。研究者们写道：“思想会超越当前，连接过去和未来，它与一段充满意义却并不幸福的生活相联系。而幸福却在关于过去与未来的思考中难觅踪迹。”换句话说，注重当下的人会活得更幸福。与之对应的是，尽管那些更多地考虑过去和未来的人会感受更多的痛苦，做出更多的奋斗，享有更低的幸福感，可他们却活得更有意义。

研究发现，尽管遭受不幸会使你的幸福感降低，但这却会使你感到生活的意义。2011年的一项研究也证明了这一点。那些有着明确奋斗目标，追求生命意义的人，会把满足生活的标准定得更高，即使在当下他们比那些没有奋斗目标的人感到不幸得多。弗兰克尔在他的书中写道：“如果生命有着它的意义，那么所经历的痛苦也一定是有意义的。”

让我们继续回顾弗兰克尔的生活，尤其是他被送至集中营前的一段具有决定性的经历。这一事件强调了追求意义的生活和追求幸福的生活是多么的不同。

在他和他的家人被带到集中营前，弗兰克尔已经在维也纳和世界精神病研究领域赢得了响亮的名号。比如，在16岁时，他开始与弗洛伊德有了通信联系。他曾给弗洛伊德寄去一份长达两页的信件。他天资过人，给弗洛伊德留下了深刻的印象。弗洛伊德把他的信投给了《国际精神病学期刊》（*International Journal of Psychoanalys*）。“希望你不会反对。”弗洛伊德在回信中这么写道。

当他在医学院就读时，弗兰克尔变得更加出类拔萃。他不仅建立了青少年自杀预防中心，还发展出了一套被称为存在（心理）分析治疗（logotherapy）的方法，为精神病学临床医学做出了独特的贡献。这套治疗方法帮助人们通过找到自己生命的独特意义，来战胜抑郁，实现幸福。1941 年，他的理论已经在国际上引起了广泛的关注，他也成了维也纳罗斯柴尔德医院（Rothschild Hospital）神经疾病学的主任医生。在那里，他冒着生命和事业上的危险为精神病患者伪造诊断报告，以帮助他们逃避纳粹对精神病患者实施的安乐死屠杀。

就在同一年，弗兰克尔做出了一个决定，一个改变了他一生的决定。他的事业正在冉冉升起，而纳粹正对他虎视眈眈，他在 1941 年成功申请到了前往美国的签证。当时，纳粹已经开始对犹太人进行包围并把他们送至集中营，最开始时他们的目标还是犹太老人。弗兰克尔知道纳粹把他的父母带走只是时间问题而已。他也知道，一旦他的父母被带走，他就有责任陪着他们一起进入集中营，并帮助他们治疗在集中营期间产生的心理创伤。可是，作为一个拿着签证的新婚男人，他又想逃往安全的美国，并在事业上有所建树。

作家安娜（Anna S. Redsand）所著的弗兰克尔传记对当时的情况是这么描述的：弗兰克感到心烦意乱，不知如何是好，于是他前往维也纳圣史蒂芬大教堂清理思路。伴随着管风琴的音乐，他不断问着自己，“难道就这样抛下我的父母吗？难道让我对他们说一声再见，然后把他们丢给命运的安排吗？”他的责任何在？他在寻求“上帝的启示”。

当他回家时，他找到了上帝的启示。他一进门就发现桌上躺着一块大理石。父亲告诉他，这块石头来自附近被纳粹拆毁的一座犹太教堂的废墟。大理石上记着十诫中的一条片段——当孝敬父母。于是，弗兰克尔做出了决定，无论美国多么安全，对他的事业多么有益，他都要留在维也纳。他把个人的追求放在了一边而去服务家庭，去服务那些被关押在集中营的囚犯们。

弗兰克尔从他早年的经历和被关集中营时经受的非人折磨中学到了很多智慧：“人类生存在世，总是会向某个方向前进，这个方向也许指向了某个人，也许指向了某件物，但一个人的行动更多的是为了别人，而不是为了自己。也许是为了追寻某种意义，也许是为了遇见某个人。一个人愈忘我——为了所爱之人、所爱之物燃烧自己——才愈加是一个真正的人。”

包麦斯特和他的同事们都同意这个观点，人生而为人，其独特的一生就是为了追寻生命的意义。把私利放在一边，为了超越自我的某人某物而服务。多“给予”，少“索取”。我们不仅仅是在表现最基本的人性，我们也应该承认：追求幸福，并不是生命的全部意义。

（资料来源：译言网）

第四章

自我接纳为幸福人生奠基

对于人，没有什么比他自己的状态更为重要的了。最重要的莫过于此，而最为人所忽略的事情也莫过于此。

——帕斯卡尔

开启幸福

学霸为什么不幸福？

同学小郑，是学院里的风云人物。他出生于一个家境殷实的知识分子家庭，从小父母就对他要求严格，凡事力求尽善尽美。大学里的小郑果然没有让他的父母失望。他长相不错，人缘很好，而且是一个标准的“完美主义者”，对自己的学习、生活要求很高，整日督促自己勤奋努力。在学院，他是人人都赞赏的学霸，无论大小考试，成绩令班级里的其他同学都望尘莫及。更厉害的是，他还积极参加社团，是校内某一大社团的负责人。

不过他身边的朋友却发现其实他整天闷闷不乐，经常在朋友圈里发表些忧伤而又不明所以的语句，令人莫名其妙。他的室友都知道，在等待考试成绩的时候，小郑往往会陷入临近崩溃的状态，愁眉苦脸，总觉得自己没有发挥好。同学们一开始还会安慰他，结果往往被他的超高成绩震惊。朋友们都开玩笑说他心机太深，结果小郑还是一脸愁云，老觉得自己没有发挥到最好，认为这些成绩只是侥幸的结果。

有一天，宿舍里谈起了幸福的话题。大家一致觉得他大学生活最成功，堪称“人生赢家”，应当最幸福。小郑听了这些理由充分的说法，只有一脸的苦笑。

思考：

1. 假如你的大学生活像小郑一样成功，你会不会感到幸福呢？

2. 小郑整天过着“完美”的生活，为什么提起幸福居然是一脸的苦笑呢？

幸福秘笈

幸福就像是一座罗马城，有千条万条道路可以通向它。成功，毫无疑问是最受人们肯定的通向幸福的大道。的确，成功作为人生中最迷人的词汇之一，它抽象地概括了世间的人们所有美梦成真的情境。学业有成，获得优异的成绩，是每个学生的梦想；事业有成，赢得更高的社会经济地位，是每个成人的渴望。恋爱成功，品尝到爱情的甜美滋味，“执子之手，与子偕老”，是所有男女的内心追求……

当然人们对成功的渴望，并不仅仅局限在某个方面。身体健康，事业有成，爱情甜蜜，家庭和睦，万事如意……从节假日的祝福语里，我们可以看到人们对成功的要求其实是丰富多彩的。某个方面的成功被人们叫作成功，而人生全方位的成功或更大的成功，则被人们称为完美。我们许多人的生活正是在不断地追求成功乃至完美的征途上。

成功的梦想如此诱人，完美的境界又是如此地令人神往，以至于我们会产生某种错觉：你只要获得了想要的成功和完美，就等于到达了幸福的罗马城。

然而，事实真的是这样吗？

上面例子中的小郑凭借自己的天分和勤奋以及进取之心，做到了很多方面的成功。作为一名大学生，他的经历堪称完美。然而他的苦笑却告诉同学们，他不是真正的快乐。环顾我们的周围，我们似乎也会看到这样的反例。恋爱成功的人未必真的像单身朋友所想象的那么快乐学业优良的同学也未必真的就能够为自己的学业感到由衷的骄傲和喜悦，事业有成的人也未必就真的享受事业带来的成就感……

在许多的成功背后，我们看到的不是幸福的面孔，反而更多的是疲惫的、忧郁的、自卑的表情。是的，他们到达了成功的彼岸，却依然在幸福的门外孤独盘桓。

因此，成功和幸福的关系其实并不是我们所认为的一一对应。成功的确会把人导向幸福，但是在成功和幸福之前，还需要一些条件。就像面对美味佳肴时，一个患有厌食症的人绝对不会觉得它能给自己带来多少幸福。因为除了拥有这道菜之外，人还需要拥有敏感的味蕾、旺盛的食欲和健康的肠胃，只有这样，才能真正体会到美食带来的快乐。幸福对于我们来说同样如此。我们不但需要获得那些外在的成功，而且还需要一副内在健康的“肠胃”——一个能够接纳自我的心灵。

一 认识自我与自我接纳

1. 认识自我

任何人，终其一生，相处最多最久的，莫过于他自身。 而为之困惑最多、探索最多的，也是他自身。 我是一个怎样的人？ 我在别人眼里是怎样的人？ 我满意自己的现状吗？我将成为一个怎样的人？每个人在他的生活里，都要用语言和行动去回答上面的问题。

自我，又称为自我意识，指主体对自我的意识，是意识的一个重要方面，是人的意识区别于动物心理的重要标志。 自我是个体对自己的存在的觉察，即自己对自我的生理状况、心理特征以及自己与别人和周围世界关系的认识，是人格结构的核心部分。 美国心理学家詹姆斯（James）把自我分为主体我（I）和客体我（me）两个部分。 主体我是一个代理者、行动者、心理功能的执行者。 “主体我”作为执行者，有一定的功能，如控制冲动，计划未来，监控并评价自己的进步，控制自我表现的方式。 客体我则是被观察和被感知的对象。当一个人的注意力集中在自我上时，他看到的是“客体我”。 “客体我”作为一个对象，表征在人们的自我概念中。 当客体我满足了主体我的要求时，人就产生自我满足的体验；反之，则会产生自我责备的感受。 换言之，主体我是作为观察者的我，往往代表了社会的要求，在头脑中塑造了一个理想的我的形象；客体我是作为被观察者的我，实质上就是现实生活中的我。 处于观察者地位的我，不断按照社会要求来观察、分析现实生活中我的表现，由此两者产生了一定的差距与矛盾。

从自我的内容上来划分，自我可以分为生理自我、心理自我和社会自我。生理自我是最原始的形态，是个人对自己的身体、年龄、容貌、性别、健康状况以及所有物等方面的认识，在自我体验上表现为自豪或自卑，在行为上表现为追求外表美，对所有物的占有、支配和爱护等。 心理自我是指个人对自己心理品质的自我认识和评价，主要包括对自己性格、智力、态度、爱好等的认识和体验。 例如，自己的理解力、记忆力是强还是弱，思维是敏捷还是迟钝，做事果断不果断，等等。 社会自我就是个体对自己在一定的社会关系、人际关系中的角色的意识，是对自己在社会生活中所处的经济状况、声誉、威信等方面的自我评价和自我体验。

2. 自我接纳

自我接纳，是个体欣然接受现实自我的一种态度，是作为观察者、评价者的“主体我”对现实存在的“客体我”的接受和包容。自我接纳的出发点是基于自爱，即对自我深深地理解和尊重。一般来说，能自我接纳的人，能明确地知道自己在身体、能力和个性等方面的优点和缺点，并且能接受这些特点。这并不是说他就从此认为自己无须改善自己，而是说他真正将自己视为一个完整的真实的人。自我接纳的最终目的是让个体正视并拥抱真实的自己，然后在现有基础上整装出发，去进一步完善自己。

心理学家马斯洛发现自己崇拜的两位导师魏特海默（Wertheimer）和本尼迪克特（Benedict）存在着共有的人格模式，进而选择出 48 位杰出人士进行了研究。结果马斯洛发现他们拥有一个共性，即拥有接纳的能力。有接纳能力的人可以用孩童一般的目光，不加批判地注意和观察人与事物原本的样貌，他们不容易被偏见干扰，能对生活做出更合理、可行的规划。在他看来，一个健康的人应该能做到接纳自己与人类的天性，不为此懊恼或抱怨。“就像一个人不会抱怨水为什么是湿的，或石头为什么那么硬。”

美国心理学家阿尔伯特·埃利斯则总结出了一系列不自我接纳的人的特征：他们将频繁地过度沉浸于对个人糟糕状况的悔恨中，无法专心解决问题，变得越来越低效。他们可能会错误地认为像他们这样的废物基本上什么事情都做不好，因此可能会不再努力完成他们希望完成的事情。他们可能会戴着有色眼镜看待他们已经被证明的优点，认为它们实际上名不副实，只是人们还没有认识到这一点而已。为了“证明”自身价值，他们可能处处迎合他人的喜好，以期望获得他人的承认，从而放弃按照自身意愿行动的机会，不管这种意愿是否正确。当他们拼命想要取得成绩或者讨好别人时，他们可能倾向于在物质层面或精神层面毁灭自己。他们可能逃避责任，不再努力，变得“像死人一样”。他们可能会毁掉他们对于创造性生活的大多数或绝大多数潜力。他们可能沉迷于自身和他人的比较之中，包括成就上的比较，而且倾向于追逐名利，而不是追求快乐。他们可能常常感到焦虑、惊慌、恐惧。他们可能倾向于追求短期享乐，缺乏自律。他们可能经常采取自卫策略，表现出高人一等的架势。作为补偿，他们可能会表现出极其粗野或者“阳刚”的态度。他们可能会对他人充满敌意。他们可能会变得异常消沉。他们可能会逃避现实世界，躲进自身的幻想之中。他们可能会产生巨大的负罪感。他们可能向世界展示虚伪的假面。他们可能毁掉他们所拥有的许多特殊才能。他们也许很容易意识到自己缺乏自我肯定，因为缺少自信而责备自己，从而做出比以前更低的自我评价。他们可能会受到许多身心反应的困扰，而这又会鼓励他们进一步贬低自己……

要准确理解自我接纳的含义，我们需要将它和其他两个概念——“自我放纵”“自我尊重”区别开来。首先，我们生活中的一些人，尤其是那些“完美主义者”，他们在生活中的各个方面都力争做到优秀，实际上也可以做到很优秀，但是他们其实对自己并不满意，所以他们才拼命地去追求各种外在标准里的“完美”。在他们看来，人一旦接纳了自己，就等于放弃了自己，就等同于自我放纵、自暴自弃。这些人对自我接纳抱有避之唯恐不及的态度，认为它是人“堕落”的开始。这种观点其实是大错特错的。自我放纵的基本出发点是自我厌恶，本质上是在报复自己，是内心绝望无助的结果，是一种非理性的做法；而自我接纳则是出于自爱，是能够给人带来快乐和进步的，是在承认自己局限性的基础上，对未来仍然怀有希望的一种心理状态。人实现了自我接纳，就能够客观冷静地审视自己的优缺点，从而做出理性的判断并付诸行动。其次，自我尊重，从表面上看和自我接纳似乎非常相似，而实际上，自我尊重指的是个体由于拥有聪明、正确或有能力的表现而重视自己。从极端逻辑来看，它是“由于头脑完全致力于理智而产生的结果、表现和回报”。也就是说，人对自我的尊重是基于现实成就这个条件之上的。一般来说，成就的高低直接影响着自尊的高低。而自我接纳意味着个体完全无条件地接纳自己，不管他是否拥有聪明、正确或有能力的表现，不管其他人是否认可、尊重或喜爱他。因此，自我接纳是无条件的。

二 自我接纳，奠定幸福的基石

美国心理学家拉夫（Ruff）指出：“自我接纳是主观幸福感的因素之一。”也就是说，自我接纳对一个人实现幸福具有重要的意义。在通往幸福的康庄大道上，自我接纳是不可或缺的一环。

1. 自我接纳是获得幸福的基础条件

心理健康是获得幸福的前提条件，而接纳自我是达到心理健康的一项非常重要的标准。不接纳自我被视为心理疾病的一个指标。作为与个体自我相关的一个重要的态度特征，自我接纳对心理健康的养成有直接的影响。心理学家发现，自我接纳意识的增强能够不断将过去与现在的经验同未来预期进行整合，帮助个体实现自我和谐的健康状态。而自我接纳的缺失则使在统合不同自我经验时发生困难，最终导致同一性混乱，这往往是青少年产生各种心理问题的一种诱因。一个不肯接纳自我的人，心理健康都谈不上，距离幸福更加遥远。所以我们说，自我接纳是一个人获得幸福的基础条件之一。

2. 自我接纳能有效减少痛苦,增进幸福感

人们难以幸福的原因与自身痛苦较多有关，而许多痛苦则往往是不够接纳自我的结果。 心理学家经过研究发现，善于自我接纳的人心理压力水平更低，更少感到痛苦。 善于接纳的人能更全面地看待自己或他人。 当他们与别人比较时，他们不会因为自己某方面的劣势而产生“比不上”的痛苦感（嫉妒）。因为他们明白即使自己有劣势，也依然有独特的价值。 同样地，当他们发现别人有缺陷时，他们也不会因此看不起别人、认为对方一无是处。 如此一来，自我接纳能够帮助人们消除许多关于自身的痛苦，从而增进自身的幸福感。

3. 自我接纳是由成就通向幸福的桥梁

人只有接纳了自我，爱自我并尊重自我，才有可能体验到幸福的存在。 假如一个人通过自己的辛勤努力，获得了很多的成就，但唯独还是不能接受自己，那么他还是享受不到这些成就所带来的幸福。 也就是说，人们为谋求幸福的所有努力，最终需要通过自我接纳这个桥梁，才能到达幸福的彼岸。 否则，再多的努力，只能带来幸福的希望，或者获得幸福的若干个外在条件，唯独不能带来幸福本身。 人们只有接纳自己，允许自己有缺点和烦恼，挣脱完美主义的桎梏，抱着开放的心态，从失败中学习，并接纳自身的负面特质，才能完全释放潜力，并从成功中体验到自身的价值感、成就感以及持续的幸福感。

4. 自我接纳能与幸福相互促进

获得幸福的感觉是什么？ 大部分人会感觉更爱自己了。 当一个人体会到了幸福的感觉，他对自己的满意度会更高，会更能体验到自身的价值，其结果是他会更加地理解和尊重自己。 整体上，自我接纳和幸福是一对相互促进、互为因果的关系。 自我接纳不但是获得幸福的前提条件，而且是人幸福的结果。

三　接纳自我，开启幸福的大门

通过上面的描述，我们已经获知了自我接纳对幸福的重要性。 接下来，我们就要具体来看，要走向幸福，我们该如何接纳自我。

1. 加强自我了解

了解自我，包括了解自己的兴趣、爱好、特长、性格、能力、价值观、个人目标与需求、个人生理与健康情况、工作经验、社会阶层与教育水准、性别、

年龄、负担状况、学识、技能、智商、情商、思维方式等方面。

（1）比较法——从我与人的关系中了解自我

他人是自我的一面镜子。个人了解自我的一个重要途径就是与别人交往。了解他人和了解自身是一个同时发生、相互促进的过程。在人际交往的过程中，我们不断地了解别人，也就更加全面地了解自己。通过与别人的比较和互动，我们也得以不断明确自己，包括外貌、身材、智力、个性及自身的优点和不足等。但是，在和别人的比较过程中，我们需要注意比较的参照系。

第一，跟别人比较的是行动前的条件，还是行动后的结果？一般来说，行动前的条件往往难以改变，而比较行动后的结果对了解自我、发展自我则更具有意义。比如在同一所大学，同学们来自五湖四海，个人综合素质发展参差不齐，仅仅聚焦于入学初的差异，并不能明确自身的定位，而比较大学四年之后同学们的区别，则更有助于我们了解自身的学习能力和发展状态。

第二，跟人比较的标准是相对的还是绝对的？是可变的还是不可变的？经常有大学生认为自己不如他人。其实他们关注的可能是身材、家世等不能改变的条件，没有实际比较的意义。

第三，比较的对象是什么人？是与自己条件相类似的人，还是个人心目中的偶像或极不如自己的人？一般来说，与自己的偶像和极不如自己的人进行比较，我们对自己的认识往往容易“失真”，参考意义远不如和那些与自己条件类似的人所进行的比较。所以，确立合理的参照体系和立足点对自我的了解尤为重要。

（2）经验法——从我与事的关系中了解自我

从我与事的关系中了解自我，即人从做事的经验中了解自己。实践是检验真理的唯一标准，也是了解自我的一个重要途径。在做事的过程中，人们会积累起许多关于自身身心特点的经验，将有助于人们更大程度地发现、了解自我。例如，通过感冒发烧仍参加考试一事，小张认识到自己其实内心很有韧性，并非原来自以为的脆弱。

（3）反省法——从我与己的关系中了解自我

古人云：“吾日三省吾身。”从我与己的关系中了解自我，看似容易实则困难。我们大概可以从以下几个“我”中去了解自己。

第一，自己眼中的我。这是指个人实际观察到的客观的我，包括身体、容貌、性别、年龄、职业、性格、气质、能力等。

第二，别人眼中的我。这是指与别人交往时，由别人对你的态度、情感反应而觉知的我。不同关系的人对自己的反应和评价不同，它是个人从多数人对自己的反应中归纳出的统觉。

第三，自己心中的我。这是指自己对自己的期许，即理想的我。我们还可以从实际的我、自觉别人眼中的我、自觉别人心中的我等多个我来全面了解自己。马克思很欣赏这样一句谚语：你所以感到巨人高不可攀，只是因为你跪着。事实上，许多事情别人能做到，自己也一定能做到，关键在于要充分、准确、客观地了解自己。要做到这一点，人们必须先在心理上接纳自己。

2. 减少自我评价

心理学家埃利斯认为，人类具有极强的评价自己和评价他人的倾向，这种倾向是天生的，而且受到了社会环境的强化。自我评价既有明显的劣势，又有明显的优势。他假设，如果他们能够尽可能地严格限制自己，只评价自己的表现，而不对自己本身进行有力的评价，可能会取得过去从未取得过的、超乎想象的自发性、创造性和满足感。

埃利斯认为，人们高估了自我评价的积极意义，低估了它对我们生活的损害，具体原因如下。

第一，正面和负面的自我评价都是缺乏效率的，常常会严重干扰问题的解决。如果你由于自己的表现而抬高或贬低自己，那么你会倾向于以自我为中心，而不是以问题为中心，因此你的表现往往会受到影响。而且，自我评价通常需要人们反复思考，占用大量的时间和精力。

第二，只有当你拥有许多才能并且没有什么缺点时，自我评价才能发挥出良好的效果。不过，从统计学的角度看，属于这个类别的人少之又少。自我评价往往还需要人们拥有全面的竞争力，而能够满足这个要求的人同样凤毛麟角。

第三，自我评价几乎总是得到高人一等或者低人一等的结果。如果你将自己评价为“好”，那么你通常会将他人评价为“差”或“不太好”；如果你将自己评价为“差”，那么你就会认为其他人“不太差”或“好”。所以，你实际上强迫自己在“好坏”上与他人竞争，而且不断产生嫉妒、猜忌或者高人一等的感觉。这种思想和感觉很容易不断导致个体冲突、群体冲突和国际冲突。关爱、合作以及其他形式的同情被挤到了一边。

第四，自我评估会提高自我意识，因此往往会将你的内心封闭起来，缩小你的兴趣和快乐范围。而且，因为你的少数行为而责备或表扬你的整个个体的做法是一种不科学的过度泛化。

第五，当人类自身受到赞美或谴责时，这种评价带有一种强烈的暗示，那就是人们应当因为自身的“好”或“坏”得到奖励或惩罚。不过，正如上面所说，如果他们是“坏”人，那么他们已经因为自己的“腐坏性”而陷入极度不利的境地。如果我们进一步因为他们的“腐坏”而惩罚他们，那就太不公平了。如果他们是“好”人，那么他们已经因为自己的“优秀”而得到了很大的好处，如果再去因为这件事情而奖励他们就显得多余或者不公平了。

第六，对一个人给出准确完整的评价很可能是无法实现的。一个人所具有的品质很可能每年都在变化，甚至每时每刻都在变化。为了全面评价一个人，需要对他的每一种正面和负面行为给出特定的权重。然而人的各种品质是不同的——正如苹果和梨是不同的，一个人不能对苹果和梨进行合理的加减乘除。因此，所谓“客观的”自我评价缺乏实际的操作性。

3. 积极调整自我

第一，调整理想自我和现实自我的差距。理想自我就是个体期待自己是怎样的，即在个体的自我概念中定位我应该是个什么样的人，通俗地讲，就是我希望、期待我是什么样的人。它是个人对“应当是”或“必须是”等的理想状态。现实自我是个体对当前自我状况的认识和评价，理想自我则是个体期望达到的自我状况。二者之间的差距，既是个体进步和完善的动力，也是当今大学生烦恼的重要根源。大学生是一个抱负水平相对较高的群体，而现实自我和理想自我之间的差距短时间内难以弥补，导致一部分大学生或者产生自卑和自责情绪，或者沉湎于好高骛远、难以踏实做事的虚幻自信中。

是不是“理想自我”越理想就越好？答案是否定的。人和人之间的差距，并不取决于理想的高低，而在于现实自我的表现。什么是一个足够好的“理想自我”呢？我们认为，“理想自我”高于现实，要对人有挑战性，但相对于个人的能力，其难度最好处于一个中等程度的水平。这样一来，理想自我既对自我有指导性，又有可行性，有助于促进个体不断努力向上。相反，过高的乃至脱离现实的理想其实只能摧毁一个人的信心，而并没有任何的实际意义。所以，理想自我和现实自我的差距不应太大。

第二，明白自我接纳不需要条件。每个人都应该明白的一件事是：爱自己和接纳自己不需要任何附加条件。无论你曾经做过什么，无论你是怎样的，拥有什么样的外貌特征、声音体味，无论你来自什么样的文化和家庭背景，作为这个世界的一分子你都是独一无二的，你的使命是让这个世界因你的存在而更多元更丰富，所以你天然地就应该被接纳、被珍爱，尤其是被你自己接纳和珍爱。

第三，坦然接受自己的缺陷。从理念上讲，人们大都承认“金无足赤，人无完人”。正如世界上没有十全十美的东西一样，也不存在精灵神通的完人。但在认识自我、看待别人的具体问题上，许多人仍然习惯于追求完美，求全责备，对自己要求样样都是，对别人也往往是全面衡量。任何人都有优点和缺点，名人、伟人也不例外。洛克菲勒（Rockefeller）是石油大王，他有学习障碍，但他是社交能手；凡·高（van Gogh）受情绪困扰，但他在视觉上的成就却是超凡的；贝多芬（Beethoven）失聪，但他是乐坛上的巨人；罗斯福（Roosevelt）的下肢残疾，但他带领美国人赢得了在第二次世界大战中的胜利；丘吉尔（Churchill）有沟通障碍，但是他在国际政坛上号令群雄，叱咤风云；孙膑腿上有残疾，但他是中国古代杰出的军事家。所以，我们不要为自己的缺陷伤心难过。

第四，认识到“你”不等于你的错误。承认自我意味着接受自己的现状，包括自己的错误、弱点、失误，也包括自己的财产和力量。不过，如果我们认识到这些消极因素属于我们而不等于我们时，我们的心态就会平稳得多。很多人耻于健全的“自我承认”，因为他们坚持把他们的错误与自己等同起来。我们必须首先承认自己的错误，学会在感情上容忍自己的不完美之处，学会从思想上承认我们的弱点。“你”不会因为犯了一个错误或者方向有一点偏差而毁灭或者变得没有价值，就像一篇文章中有一个错字、小提琴发出一些不和谐的音响并不影响它们的价值一样。不要因为自己不完美而憎恶自己。

第五，原谅自己的失败。人需要接受一个事实：有时你不得不妥协。人无完人。当你无法达到自己的期望时，对自己严加责备是无益的。这样的态度常常导致你完全放弃，或者降低标准。假如你总是无休止地埋怨自己甚至惩罚自己，你将陷入一种自卑和自暴自弃的恶性循环之中。我们要向儿童学习：他们学走路时，有时会跌倒。他们既没有放弃学习走路而改成继续爬行，也没有因为跌倒而责备自己。他们休息一会儿，拍拍尘土，接着继续下一次的练习。

4. 改变不合理的信念

人们通常把自己不优秀、不幸福归因于外在的令人痛苦的事件，而心理学家埃利斯却不这么认为，他坚持认为人变得抑郁、焦虑、伤心，是因为错误的推理和非理性的想法。他还认为，每个人内心深处都隐藏着许多非理性的观念并依赖着它们。正是这些非理性的观念阻碍了人对自我的接纳，也阻碍了人获得幸福的脚步。总结起来，大学生一般存在以下不合理的信念。

第一，自己绝对要获得周围人，尤其是周围重要人物的喜爱和赞许。

点评：“萝卜白菜，各有所爱”，即使一个人花很多的心思与时间去取悦他人，也不可能同时得到所有人的赞赏，这样反而会让人丧失真正的自我。

第二，一个有价值的人应该在各个方面都比别人强。

点评：生命的价值在于自己，不需要盲目和别人攀比。人生最重要的是要有自己的追求，不断地超越自己。

第三，对于有错误的人应该给予严厉的惩罚和制裁

点评：人无完人，每个人都会犯错误，责备与惩罚不但于事无补，而且会

使事情更糟。接纳、帮助犯错者，可能会获得更好的结果。

第四，如果事非所愿，那将是可怕的事

点评：世界不是我们个人创造的，当然不可能事事如愿。而且变数增加了生活的各种机缘巧合，常让人得到意外的惊喜。人应该正视不如意的事，寻求改善之法；即使无力改变，也要善于从困境中学习。

第五，人的不快乐是外在因素引起的，人不能控制自己的痛苦与困惑。

点评：伤害我们的常常不是外在事物，而是我们自己对这些事物的信念与态度。只要我们尝试改变自己的非理性信念，就可以轻松改变自己的情绪状态。

第六，对可能发生的危险与可怕的事情，应牢记心头，随时准备它们的发生。

点评：考虑危险发生的可能性，计划如何避免，不失为明智之举。但过分忧虑，反而会扰乱一个人的正常生活，使生活变得沉重而缺乏生气。

第七，对于困难与责任，逃避比面对要容易得多。

点评：逃避困难与责任，会因贻误时机而使问题变得越发难以解决。一个理性的人会勇于面对困难，承担责任，使生活过得更加充实。

第八，人必须依赖别人，特别是比自己强的人。

点评：任何人都有自己独特的价值，大多数情况下，我们需要独立面对生活中的种种问题，我们不必拒绝别人的帮助，但绝不能完全依靠别人的帮助。

第九，以往的经历是影响个人当前行为的决定因素，而且这种影响是永远不可改变的。

点评：以往的事实虽不可改变，但人是可以改变的，只要我们客观地分析过去对现在可能存在的限制，善用自己的能力和机会，就可以突破这种限制，使自己的现在与未来充满希望与生机。

第十，一个人应该关心别人的困难与情绪困扰，并为此感到内疚与难过。

点评：关心别人是人的一种美德，但我们无须为别人的困难与不安感到内疚，需要做的是帮助他们面对自己的困难与情绪困扰，并早日走出阴影。

第十一，任何问题都应该有一个正确而完美的解决办法，如果找不到，那是莫大的不幸。

点评：世界上有些事情根本就没有答案，凡事都要追求完美的解决是不可能的。完美主义者只能使自己自寻烦恼。

幸福行动

练习一　快乐农场

规则：

1. 每组发一张白纸和几支彩笔。

2. 大家在纸上画一个农场，有房屋、庄稼、山水等。大家可以充分发挥自己的想象力。

3. 每个人在这个农场里画上一个最像自己的小动物。

小组讨论：

1. 每组推荐一名同学介绍一下本组所画的农场，以及不同的动物所代表的同学。

2. 请同学们介绍自己和所画动物的相似之处。

练习二　天生我才

根据自己的实际感受，补全下面的句子，并与小组同学进行分享。

1. 我最欣赏自己的外表是____________

2. 我最欣赏自己对朋友的态度是____________

3. 我最欣赏自己对学习的态度是____________

4. 我最欣赏自己的一次成功是____________

5. 我最欣赏自己的性格是____________

6. 我最欣赏自己对家人的态度是____________

7. 我最欣赏自己做事的态度是____________

练习三 我是谁?

请同学们在纸上连续写出 20 个句子：我是一个____________________的人。

要求：

1. 要尽量选择一些能反映个人风格的语句。

2. 可以包括自己的性别、身高、容貌、个性、爱好、特长等，不要包括自己的名字。

3. 完成之后，与小组成员进行分享。

反馈与分析：

1. 你的完成速度如何？ 完成速度可能与你对自己的了解程度有关，也与你愿意多大程度地表露自己有关。 有些人不介意表露自己，所以，他们就会写得快一些、多一些、深入一些；有些人不太愿意表露自己，所以在写时就会字斟句酌。

2. 你所写的内容的深度如何？ 你可以看看在 20 个句子中反映表面性特征的句子（如“我是在大学一年级读书的人”）多，还是反映对自己看法的句子多。 反映表面性特征的句子多说明个体自我意识的深度不够，或者不愿意让别人了解自己的内心世界（尤其是当这 20 个句子是要求与别人交流时）。 正常的大学生，应该已经到了自我意识有一定深度的年龄，所以除了开头的几句外，应该能写出比较多的反映自己性格特点和内心活动的句子。 如果 20 个句子透露的大多为表层信息，那么你就要进行反思，是自我认识的深度不够还是不愿意袒露自己的内心世界。

3. 正面的评价多还是负面的评价多？ 这直观地反映出个体是否自信。 如果负面的自我评价过多，表明个体的自我情感体验比较负面，个体不够自信。

4. 是正、负面评价都有，还是只有一方面的评价？ 这可以显示个体的自我意识是全面的还是片面的，是客观的还是过度自负或过度自卑的？ 如果所有的自我评价都是正面的，要留意自己是不是过度自负，看不到自己的不足；如果所有的评价都是负面的，则要留意自己是不是过分消极。

5. 在 20 个句子中，你描述最多的是哪一方面，是生理的，心理的，还是社会的？ 这反映了你对自己最关心的方面，也反映了你当前最关注的内容。

6. 20 个句子的内容如何？ 是否有集中的主题？ 如果 20 个句子中有许多句子都涉及同一主题，那集中的主题反映的就是你当下最关注的事物，甚至是你以前都未曾意识到的。

总之，这简简单单的 20 个句子能帮助你对自己有进一步的了解。 这也是心理学研究和探索自我意识简单实用的方法之一。

练习四　心理测试：你的自我接纳程度如何？

请根据每一个题目符合自己的程度来评分。评分有四个等级：非常符合、基本符合、基本不符合、非常不符合。表格中的数字是与其相对应的得分。

	非常不符合	基本不符合	基本符合	非常符合
我内心的愿望从不敢说出来*	4	3	2	1
我几乎全是优点和长处	1	2	3	4
我认为异性肯定会喜欢我的	1	2	3	4
我总是因害怕做不好而不敢做事*	4	3	2	1
我对自己的身材相貌感到很满意	1	2	3	4
总体来说，我对自己很满意	1	2	3	4
做任何事情只有得到别人的肯定我才放心*	4	3	2	1
我总是担心会受到别人的批评或指责*	4	3	2	1
学新东西时我总比别人学得快	1	2	3	4
我对自己的口才感到很满意	1	2	3	4
做任何事情之前我总是预想到自己会失败*	4	3	2	1
我能做好自己所有的事情	1	2	3	4
我认为别人都不喜欢我*	4	3	2	1
我总担心自己会惹别人不高兴*	4	3	2	1
我很喜欢自己的性格特点	1	2	3	4
我总是担心别人会看不起我*	4	3	2	1

以上题目累计总分，得分越高表明自我接纳程度越高。反之，则越低。

练习五　接纳并改变自己的缺点

指导语：列出几项你认为不可能改变的缺点，并谈论你之所以得出这样结论的原因（可以从生理、心理、社会及家庭因素入手进行分析）。

1. 缺点：________________；原因：________________

2. 对你刚才所写出的缺点做改换句式练习，规则为：现在时改为过去完成时。

例句：我就是这样任性。改为：我曾经是这样的任性。

3. 制订行为改正的计划，并请同学们帮忙监督你实际行为改正的情况。

练习六 优点轰炸

1. 全班同学进行分组，每组 7～9 人。

2. 在小组内，用轮流的方式，每个成员：

（1）用 2 分钟时间说出自己的长处。说自己长处时不得使用“假如”或“但是”字眼。

（2）用大约 5 分钟的时间倾听别人说出自己的优点。听别人说自己优点时，只静听，不必表示感激，亦不可泼冷水。

（3）逐一实施。

3. 小组内讨论“被炸”的经验。

（1）被人进行“优点轰炸”的感觉如何？

（2）同学们都阐述了你的优点，你赞同吗？为什么？

（3）经过本次活动，你获得了什么样的启发？

超级链接

一 自我接纳的力量——尼克·胡哲的励志故事

尼克·胡哲(Nick Vujicic)出生于 1982 年 12 月 4 日。他一生下来就没有双臂和双腿，只在左侧臀部以下的位置有一个带着两个脚指头的小“脚”。

看到儿子这个样子，他的父亲吓了一大跳，甚至忍不住跑到医院产房外呕吐。他的母亲也无法接受这一残酷的事实，直到尼克·胡哲 4 个月大才敢抱他。父母对这一病症发生在他身上感到无法理解，多年来到处咨询医生也始终得不到医学上的合理解释。“我母亲本身是名护士，怀孕期间一切按照规矩做，”英国《每日邮报》援引尼克·胡哲的话报道，“她一直在自责。”

但是，尼克·胡哲的父母并没有放弃对儿子的培养，而是希望他能像普通人一样生活和学习。“父亲在我 18 个月大时就把我放到水里，”尼克·胡哲说，“让我有勇气学习游泳。”尼克·胡哲的父亲是一名电脑程序员，还是一名会计。尼克·胡哲 6 岁时，父亲开始教他用两个脚指头打字。后来，父母把尼克·胡哲送进当地一所普通小学就读。尼克·胡哲行动靠电动轮椅，还有护理人员负责照顾他。母亲还发明了一个特殊塑料装置，可以帮助他拿起笔。没有父母陪在身边，尼克·胡哲难免受到同学欺凌。“8 岁时，我非常消沉，”他回忆说，“我冲妈妈大喊，告诉她我想死。”10 岁时的一天，他试图把自己溺死在浴缸里，但是没能成功。在这期间父母一直鼓励他学会战胜困难，他也逐渐交到了朋友。直到 13 岁那年，尼克·胡哲看到一篇刊登在报纸上的文章，介绍一名残疾人自强不息，给自己设定一系列伟大目标并完成的故事。他受到启发，决定把帮助他人作为人生目标。如今，回想起那段备感艰辛的学习经历，尼克·胡哲认为这是父母为让他融入社会做出的最佳抉择。“对我而言那段时间非常艰难，但它让我变得独立。”事实上，他现在拥有“金融理财和地产”学士学位。

经过长期训练，残缺的左“脚”成了尼克·胡哲的好帮手，它不仅可以帮助他保持身体平衡，还可以帮助他踢球、打字。他要写字或取物时，也是用两个脚趾头夹着笔或其他物体。“我管它叫‘小鸡腿’，”尼克·胡哲开玩笑地说，“我待在水里时可以漂起来，因为我身体的 80%是肺，‘小鸡腿’则像是推进器。”尼克·胡哲好样的！

游泳并不是尼克·胡哲唯一的体育运动，他对滑板、足球也很在行，“最喜欢英超比赛”。他还能打高尔夫球。他先看准射击的方向，接着在击球时，用下巴和左肩夹紧特制球杆，然后击打，并击打成功。后来，尼克·胡哲在美国夏威夷学会了冲浪。他甚至掌握了在冲浪板上 360 度旋转这样的超高难度动作。由于这个动作属首创，他完成旋转的照片还刊登在了《冲浪》杂志封面。“我的重心非常低，所以可以很好地掌握平衡。”他平静地说。由于尼克·胡哲的勇敢和坚忍，2005 年他被授予“澳大利亚年度青年”称号。

尼克·胡哲从 17 岁起开始做演讲，向人们介绍自己不屈服于命运的经历。随着演讲邀请信纷至沓来，尼克·胡哲开始到世界各地演讲，迄今已到过 35 个国家和地区。他还创办了“没有四肢的生命”组织，帮助有类似经历的人们走出阴影。2007 年，尼克·胡哲移居美国洛杉矶，不过演讲活动并没有停止。他用带澳大利亚口音的英语告诉记者，“我告诉人们跌倒了要学会爬起来，并开始钟爱自己”。

（资料来源：钟非凡《尼克·胡哲 无手，无腿，无担忧》，有删改）

二 萨提亚的“自尊宣言”

维吉尼亚·萨提亚(Virginia Satir)是举世知名的心理治疗师和家庭治疗师，她是第一代的家庭治疗师，从20世纪50年代起居于领导地位。她一生致力于探索人与人之间，以及人类本质上的各种问题。她在家庭沟通方面的理念和方法，备受事业人士的尊崇与重视。在她的治疗中，她深切感受到人的自我接纳对维持心理健康并获得幸福的重要性。其中，在《新家庭如何塑造人》(*The New People Making*)一书中，她写下了一段经典的“自尊宣言”，对自我接纳进行了精彩的诠释，在此摘录，以飨读者。

我就是我

在这个世界上再也没有第二个我。我和某些人可能会有些许相似之处，但却没有一个人和我完全相同。我的一切都真真实实地属于我，因为都是我自己的选择。

我拥有自己的一切：我的身体以及我的一切行为；我的头脑以及我的一切想法和观点；我的眼睛以及它们所看到的一切；我的所有感觉——愤怒、喜悦、沮丧、友爱、失望和激动；我的嘴巴以及由它说出的一字一句——或友善亲切或粗鲁无礼，或对或错；我的声音——或粗犷或轻柔；还有我所有的行动，不论是对自己还是对别人。我拥有我自己的想象，自己的梦想，自己的希望，自己的恐惧。

我的胜利和成功乃因为我；我的失败和错误也出于我。

因为我拥有自己的全部，我和自己亲如手足。我学习跟自己相处，爱惜自己，善待属于自己的一切。现在我可以为自己做一切了。

我知道，我的一些方面让我困惑，另外一些则使自己不解。但只要我仍然善待自己、爱惜自己，我就有勇气、有希望解决困惑和进一步认识自我。

不管别人如何看我，不管那时我说了什么、做了什么，想了什么、感觉到了什么，一切都真真实实地属于那时的自我。

当我回想起自己的表现、言行、思想和感受，发现其中一部分已经不再适宜，我会鼓起勇气去抛弃不适宜的部分，保存经证实是适宜的部分，创造新的以代替被抛弃的部分。

我要能够看、听、感觉、说、做。我能够生存，能融入群体，能有所贡献、有所作为，让我所处的世界、我周围的人和事因我的存在而井井有条。

我拥有自我，那么我就能自我管理。

我就是我，自得其乐。

（资料来源：维吉尼亚·萨提亚《新家庭如何塑造人》）

第五章

目标指引幸福

人生的真正欢乐是致力于一个自己认为是伟大的目标。

——萧伯纳

开启幸福

曾有人做过一个实验：组织三组人，让他们分别沿着十公里以外的三个村子步行。

第一组人不知道村庄的名字，也不知道路程有多远，只被告诉跟着向导走。刚走了两三公里就有人叫苦，走了一半时有人几乎愤怒了，他们抱怨为什么要走这么远，何时才能走到，还有人甚至坐在路边不愿走了。越往后走他们的情绪越低落。

第二组人知道村庄的名字和路段，但路边没有里程碑，他们只能凭经验估计行程时间和距离。走到一半的时候，大多数人就想知道他们已经走了多远，比较有经验的人说："大概走了一半的路程。"于是大家又簇拥着向前走。当走到全程的四分之三时，大家情绪低落，觉得疲惫不堪，而路程似乎还很长，当有人说"快到了"时，大家又振作起来加快了步伐。

第三组人不仅知道村子的名字、路程，而且公路上每一公里就有一块里程碑，人们边走边看里程碑，每缩短一公里，大家便有一小阵的快乐。在行程中，他们用歌声和笑声来消除疲劳，情绪一直很高涨，所以很快就到达了目的地。

为什么会这样呢？同学们请先思考一下，再看接下来的"幸福秘笈"。

幸福秘笈

当人们有明确的行动目标，并且把自己的行动与目标不断加以对照，清楚地知道自己的行进速度和与目标的距离时，行动的动机就会得到维持和加强，人就会自觉地克服一切困难，努力达到目标。这就是为什么有目标、有里程碑的一组会做得更好。这其实就是目标的动力作用。当然，这个动力作用产生的前提是个人积极为实现目标而努力，没有这个努力，就不会有小步子的实现，目标的动力作用将大为削弱。

其实目标不只有动力作用，还有桥梁和指向作用，对于增强我们的幸福感有非常重要的意义。

一 目标及其作用

一个人无论现在多大年龄，他真正的人生之旅是从设定目标的那一天开始的。不知道向哪个方向行驶的小船，到哪儿都是逆风。为了进一步理解这句话，让我们来看以下故事。

比塞尔是西撒哈拉沙漠中的一颗明珠，每年有数以万计的旅游者来到这儿。可是在肯·莱文发现它之前，这里还是一个封闭而落后的地方。这儿没有一个人走出过大漠，据说不是他们不愿离开这块贫瘠的土地，而是尝试过很多次都没有走出去。肯·莱文当然不相信这种说法。他用手语向这儿的人问原因，结果每个人的回答都一样：从这儿无论向哪个方向走，最后都还会转回到出发的地方。为了证实这种说法，他做了一次试验，从比塞尔村向北走，结果三天半就走了出来。

比塞尔人为什么走不出来呢？肯·莱文非常纳闷，最后他只得雇一个比塞尔人，让他带路，看看到底是为什么。他们带了半个月的水，牵了两峰骆驼，肯·莱文收起指南针等现代设备，只拄一根木棍跟在后面。十天过去了，他们走了大约八百英里的路程，第十一天的早晨，他们果然又回到了比塞尔。这一次肯·莱文终于明白了，比塞尔人之所以走不出大漠，是因为他们根本就不认识北斗星。

在一望无际的沙漠里，一个人如果只凭着感觉往前走，他会走出许多大小不一的圆圈，最后的足迹十有八九是一把卷尺的形状。比塞尔村处在浩瀚的沙漠中间，方圆上千公里没有一点儿参照物，若不认识北斗星，又没有指南针，想走出沙漠，确实是不可能的。肯·莱文在离开比塞尔时，带了一位叫阿古特尔的青年，就是上次和他合作的人。他告诉这个青年：“只要你白天休息，夜晚朝着北面那颗星走，就能走出沙漠。”阿古特尔照着去做，三天之后果然来到了大漠的边缘。阿古特尔因此成为比塞尔的开拓者，他的铜像被竖在小城的中央。铜像的底座上刻着一行字：新生活是从选定方向开始的。

所以设立目标是我们幸福旅程的开始。

目标作为激发个人、令人渴望的未来事件，行为所要达到的最后目的，可以激励个体逐步向前行进。可以说，目标对于个体的成长与幸福有至关重要的作用。目标与幸福的关系，我们放在稍后再讲，下面与大家重点分享目标有哪些重要作用。

1. 桥梁作用

目标是现在基础上的未来。比奇（Beach，1990）认为，人们对自己未来所处情景的构建会把现在和未来连接起来，并为以后追逐目标的决策提供基础。马库斯和纽瑞尔斯（Markus & Nurius，1986）认为，生活中的个体会通过自我想象的创造、自己未来如何做、自己如何看或感知未来等，把自己的未来带入现在的生活之中，把未来潜在的结果和自己目前的状态联系起来。比如，一位大学生想在大学期间拿到驾照，他会想象自己拿到驾照后可以开车的状态，也会想象为了拿驾照一定要参加十几天到二十天的培训，想象考试的情景，这时，未来与现实连接起来了：自己决定在哪个时期去报名参加培训？选哪个驾校？等等。目标就这样把我们的现在与期望的未来联系起来了。没有目标，可能现实不会朝我们想要的方向发展。我们如果没有想过要考驾照，就不会想到要安排参加培训的时间。

作为连接现在和未来的桥梁，目标允许未来和现在双向流动。凯勒（Koehler，1991）指出，个体已有的知识和当前的心情会影响其未来目标的构建，反过来，已构建的未来目标也会影响人们现在的认知和感情状态。明确想象出自己未来是什么样的个体，更可能高估自己想象中的事件发生的可能性，并且比那些没进行这样预测的个体更可能从事与想象中的事件相关的行为。

没有目标这个桥梁，现在和未来可能会有鸿沟，我们可能会觉得，未来太遥远，未来太模糊，于是随波逐流，得过且过。

2. 指向作用

卡尼欧和罗斯（Karniol & Ross，1996）认为，目标可以引导个体的思维、注意和记忆。思维以目标为开端，没有目标，思维便无法进行。当个体努力实现自己的目标并评价其进展时，目标便占据了人们的全部注意。有了目标，我们的注意力和思维活动就有了清楚的指向。例如，一位大学生从来没有想过要考驾照，那么他就不会在意相关的广告和新闻信息，尽管这些信息可能每天都在他身边，但他仍然会“视而不见”。可见，人们的认知活动，其实是需要一定的目标来指示的。

目标除了指引我们的认知以外，更重要的是指引着我们的行为及其选择。例如，一位大学生进入大学以后，给自己定下的目标是考上一所“985”学校的研究生。那么他在大学里可能会大量地收集关于学校、专业、考研科目等的相关信息；在玩游戏与学习面前，他会选择学习；在一般科目与考研科目的时间安排上，他会把更多的时间花在考研科目上；等等。没有目标的指引，在遇到类似冲突时，他可能会随意选择，在生活中转圈。

3. 动力作用

在追求目标的过程中，一些近期小目标的实现会让人产生自豪或快乐的情绪，或者让人收获到实在的利益，从而激发人们追求长远大目标的动力。回到本章“开启幸福”的小故事，有了里程碑，人们每到一个里程碑时，都有目标达成后的成就感，这种成就感就是继续追求目标（到达终点）的动力。而那些没有看到里程碑的人，缺少这些源源不断的动力，特别是目标指向不明的人，更缺少这种动力，于是更容易放弃。研究表明，个体的未来目标可加强其行为动力的强度，促进概念学习，争取更好的成绩，个体也有更强的坚持性。（Simons，Vansteenkiste & Lacante，2004）

当然，并不是所有的目标都有一样的动力作用。一般来说，个体可以孕育自己的目标（自我目标），发展与他人目标相一致的目标（与人共享目标），也可以采纳他人提出的目标（他人指定目标）。自从心理动力学产生以来，很多社会心理学家认为自我目标或与人分享目标比他人指定目标更具有动力性，指定目标本身破坏了人们从事活动的兴趣。（Deci & Ryan，1985）所以如果目标是自己想要的，其动力作用可能更强。

目标要发挥强大的动力作用，还需要个体制订计划的策略。在现实生活中，大多数人不是没有目标，他们的目标很多，很大，很美好，可总是想法很美好，现实很残酷，根本原因就是他们没有合理地构建远景目标，没有把远景目标分为多个近景目标，然后再制订一些具体的计划。个体究竟该如何制订计划以实现远景目标呢？杰勒德（Gerard，1998）指出，当被要求写下自己的未来目标，并写下设置目标的步骤、每个步骤要进行的活动、每项活动可能产生的积极和消极的结果、每项活动获得成功的机会和目标对自己的重要性时，那些学习好的学生比学习不好的学生对于怎样进行活动、设置目标有更好的想法。

经过以上分享，大家应当清楚目标对我们的重要意义了。接着，再与大家分享目标与幸福有什么关系。

二 目标与幸福

目标与幸福之间有直接关系，也有间接关系，而且二者间的关系还会转换。

目标的实现可直接使人产生幸福感，因为它能直接满足人们的需要。当人们达到目标时会产生快乐，而偏离目标或失败时则会痛苦。埃蒙斯（Emmons）曾研究了大学生 21 天的生活日记。结果显示，为学习成绩努力的人，在其经历成功时更能够体会到强烈的幸福感。同样，致力于发展友谊的人在经历这些积极的成功事件（如避免人际关系的矛盾）时，更能够体验到幸福感。目标的实现还能通过自我效能感影响人们的幸福感。成功的体验会使人们更相信自己的能力，建立起强大的自我效能感，从而提高幸福感。这一点，大家都明白，在此就不举例了。

目标的确定也能直接带来幸福感，因为确定的目标能让我们知道自己所处的位置，明确下一步的方向。山田本一是日本著名的马拉松运动员。他曾在 1984 年和 1987 年的国际马拉松比赛中夺得世界冠军。在他第一次获得冠军时，记者问道："你为什么能取得成功？"他毫不犹豫地回答："我用智慧取胜。"记者们都觉得十分可笑，在评论上说："跑步是要用耐力取胜的，有智慧有什么用？他这次获得冠军只是一次偶然而已。"在第二次马拉松比赛中，他又取得了冠军，当记者再次问他"你为什么能取得胜利"时，他又是只回答道："我用智慧取胜。"几年后，他出了一本自传，其中写道："在这几次比赛中，我都是以智慧取胜的，别人都不理解。然而，在每次比赛前，我都会把要跑的路线走上一两遍，看有哪些标志性建筑，回家后再把一些建筑物设定为一些小目标，这样四万多米的马拉松就被我分成了很多节小的路程。每次我都以百米跑的速度，向所定的目标冲刺。这样在整个路程中，我都是以百米跑的速度前进，所以取得了冠军。"

目标与幸福息息相关，实现高尚的目标更能让人幸福。苏格拉底说过："未经思考的生活没有价值。"亚里士多德认为具有理性思辨的人会有一种崇高的目标，他能为高尚的目标去奋斗。人们要幸福，要达到至善，必须下决心克服一切艰难险阻，在各种困难的环境中充分发挥自己的功能，为高尚的目标奋斗，再苦、再难、再险，也应该是幸福的。米哈里·契克森米哈赖（Mihaly Csikszentminhlyi）在《幸福的真意》中也说，如果选择的目标微不足道，不会使我们感到幸福。一个人的目标如果只是活着坐在沙发上，那他每天都是成功的，但是这并不能体现个人价值，不会使人感到幸福。当然，如果设置的目标太难实现，与自己的现状有很大差距，在这一过程中，人们会不断地体会到挫败感，同样不会感到幸福。

目标与幸福感的关系还是不断转换的，一旦达到一个目标，人们就可能要设定新的目标，已经达到的旧目标失去了对幸福感的影响力。因此，学会设立目标是使目标对幸福的积极作用发挥到最大的重要技能。

三 如何设立目标?

在谈设立目标之前，我们必须先弄清楚应当设计什么样的目标。

泰勒 · 本-沙哈尔在《幸福的方法》中提到，选择自我和谐的目标（即前面所说的自我目标，而非他人指定的目标）对于提升个体的幸福感有重要的意义。 这些目标必须是我们主动选择的，而不是被动附加在我们身上的。 追求这些目标不是因为他人觉得你该这么做或是因为责任感使然，而是因为它能带给我们快乐。 举例来说，如果你不得不在他人的要求下，以金钱为目标，而放弃自己的所爱（如音乐），那么即使挣到了钱，你未必会觉得幸福。

那如何设立自我和谐的目标呢? 让我们来看看泰勒 · 本-沙哈尔提供的建议。

设定自我和谐的目标可按以下五步进行。

第一步：总结价值观念。 大致描述一下你正在进行的领域和价值观念。 例如，在家庭领域中，我重视开放、诚实、爱心的支持。

第二步：设立即刻目标。 问自己："今天我可以做的最小的且最容易的事是什么?"从一个最容易的小目标即马上可以实现的目标开始，对提高你的自信是很有好处的。 设定目标时，将你要做的事具体化十分重要。 例如，我一周要游两次泳，每次 30 分钟。 不要做类似我要多锻炼这样空洞的陈述，最好把时间和地点都具体化。 例如，我要每天练字半小时。

第三步：设立短期目标。 问自己："我在接下来的几天或几周里可以做哪些与自身价值观念相一致的小事?"记住，要具体。 你要采取什么行动? 何时、何地行动? 例如，今天，我要开始动手写论文，或者这一周我每天晚上要去锻炼一小时。

第四步：设立中期目标。 问自己："在接下来的几周或几个月中，我能给自己设置哪些更大的挑战?"再次强调，要具体。 例如，我要一周五天按照健康烹饪书上的食谱给自己做饭。 这三个月，我要每天花一小时练习英语口语和听力。

第五步：设立长期目标。 问自己："为了使自己发展得更好，在未来的几年中，我能给自己设置哪些更大的挑战?"这时你可以大胆想象，在未来的几年，你想实现什么? 五年后，你想去哪儿? 长期目标可以包括任何事情：毕业之后的工作、将来居住的城市、想要过的生活……要允许自己有梦想。

现在，拿出笔和纸来做这些练习。 即使你现在没有时间完成它，至少先跨出第一步，哪怕花 5 分钟或 10 分钟。 一旦开始，你就会在很短的时间内发生许多改变。写下你的价值观念、目标、达成这些目标的计划。

下面，我们再讨论一下设立目标应注意的一些细节。

第一，不要设立“停止型”目标。比如，有的人设定的目标为“我不再吸烟了”，这就是一个“停止型”目标，它没有联结现在与未来。“我不再吸烟了，那我做什么？”所以真正好的目标是要做什么，而非不做什么，类似“如果我不再吸烟了，午饭后我会出去走一会儿，呼吸点儿新鲜空气”。

第二，想象自己采取有效的行动。路斯·哈里斯（Russ Harris）在《幸福是陷阱》中提到这一方法，一旦你定下一个目标，闭上眼睛，花一点儿时间生动地想象自己在采取有效的行动。自然地想象。看见自己、感觉自己、听到自己采取有效的行动实现目标。注意你在说什么、做什么，不断地演练，直到你十分清楚你的行动是什么。当你给自己设定有挑战性的新目标时，反复进行这个训练是有帮助的。当然它不能保证你实现目标，但是可以让目标实现更为可能。

第三，要把目标分解为行动计划。一旦确认自己的目标，你就需要把它们分解成行动计划。问自己：“完成这些计划需要哪些小步骤？为了执行这些步骤，我需要什么资源？我将在何时展开这些行动？”例如，如果你想重视英语，而你的目标是练习听力和口语，那么你的行动计划可能包括以下几点：找适合的材料；练习的工具；每天的练习时间；重新安排日程表，加入这个活动。你需要的资源可能是购买资料的钱。接下来，确定你何时开始做这件事。例如，我明早就开始练习口语。

如果你发现缺少完成目标的必需资源，那么你有两个选择：改变你的目标，或制订一个行动计划来获得必需的资源。

谈完了如何设立目标，其实还有个重要的问题必须重新回头来讨论，那就是应当设立什么样的目标。前面说了应当设立自我和谐的目标，要设立发自内心的目标。如果这个目标是发自内心的，却是完全只考虑个人利益、可能伤害他人的目标，可不可以呢？显然不行！

四　重谈自我和谐的目标

自我和谐的目标强调了符合个人价值，发自内心，自我和谐。但是还有一些问题需要考虑进来：其一是自我和谐和与社会他人和谐的问题；其二是自我暂时和谐和自我长期和谐的问题。

我们设立的目标一方面要自我和谐，另一方面应当与社会、他人、环境和谐。也就是说，我们的目标不能伤害他人、社会和环境，也不能是社会法律所不允许的。例如，我们不能为了钱，去制造电脑病毒，去做高级黑客，或做赌王（至少在中国不行），等等。相反，个人目标的设定应当既要考虑个人价值（成就与潜能），又要考虑自己与他人的关系以及为社会和后代所做的贡献等，自我和谐、与社会和谐的目标才是崇高的目标。

自我和谐的目标还存在暂时和谐和长期和谐的问题。比如，很多人在设立目标时，不了解自己的喜好，也不了解自己的能力和优势，他们很随意地就设立了一个目标，当时觉得很“和谐”，但多年后发现自己入错了行或根本就是走错了路。所以要想自己的目标达到相对长期的和谐，我们是需要花一些功夫来了解自己的。我们要综合考虑我在乎什么（价值）、我想做什么（兴趣）、我能做什么（能力）、我有哪些资源等因素，才能达到相对长期的和谐。要做到这一点，大学生们应多了解一些职业生涯规划的信息，认清自己的价值、兴趣、能力和优势等，为自己的职业生涯做个科学规划。

结合以上二者，一个好的自我和谐的目标应当是在社会及环境允许的范围内，发自内心的、符合自我价值的、感兴趣的、能发挥自我潜能的、有意义的目标。要检视这一点，大家可以做一做以下“幸福行动”栏目中的练习一和练习二。我们只有经常进行自我反省，才能使自己的目标更和谐。

最后，希望大家记住：不知道向哪个方向行驶的小船，到哪儿都是逆风。相反，方向明确的小船，即使遇到逆风，终究也能到达彼岸！

幸福行动

练习一 发现内心真正的需要

奥哈德（Ohad）曾说过，生命很短暂。在选择道路前，首先确定自己能做的事。在其中，做那些你想做的。然后再细化，找出你真正想做的。最后把那些你真正最想做的事付诸行动。（见图 5-1）

最外层的圆圈是我能做的，最里层的圆圈包含的是我最深的渴求和愿望。追求最想要的，使我们感到真实。我们未必总能实现我们最深的渴望，因为通常会有不可控的因素存在，但诚实的态度和来自内心的答案确实可以把我们带上正确的道路。请闭上眼睛反思：什么是你最想做的事情？

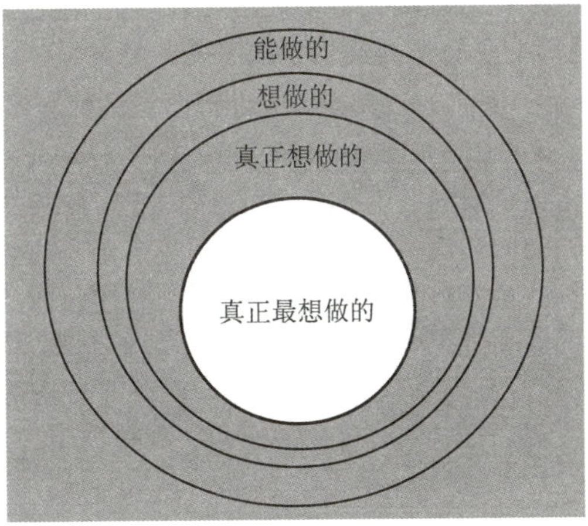

图 **5-1**　发现内心想做的

（资料来源：泰勒 · 本-沙哈尔《幸福的方法》）

练习二 使用 MPS 方法

MPS 是指找寻生命的意义（Meaning）、快乐（Pleasure）和优势（Strength）的方法。

请回答下面的问题：

第一题：对我有意义的是什么？什么给了我使命感？

第二题：让我觉得快乐的事情是什么？什么带给我快乐？

第三题：我的优势是什么？我擅长做的又是什么？

比如，我觉得有意义的事情包括解决难题、写作、帮助孩子成长、参与政治活动以及听音乐等。让我快乐的事情有航海、烹饪、阅读、听音乐、陪伴孩子。我的优势是富有幽默感、热情、与孩子沟通的能力强以及有处理问题的本事。（见图 5-2）

图 **5-2**　与意义、快乐和优势相关的事

找出图 5-2 三个圆中交叉的部分（见图 5-3）。

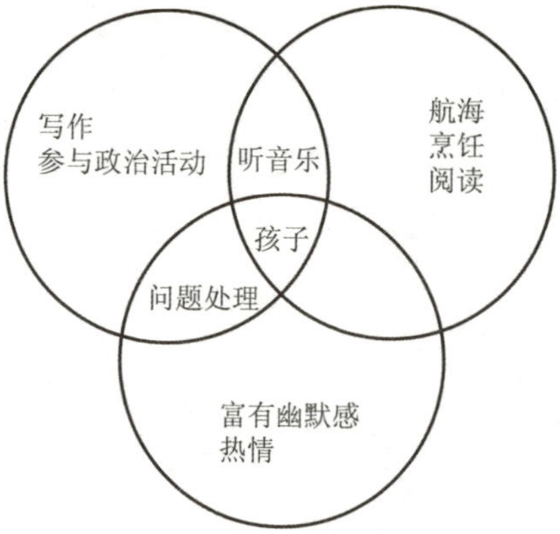

图 **5-3** 意义、快乐与优势的重叠

我们马上可以发现，和孩子在一起的工作可以带给我们快乐和意义。再去细化一下，现在你需要思考自己的个性和生活习惯，然后想一想有哪些工作和孩子们联系密切，并且能发挥自己的幽默感、热情和活力呢？权衡各方面的因素，根据自己的情况得出结论。

这个步骤可以帮助你在最宏观的层面（你生命里的使命是什么）和最微观的层面（你希望每日的生活应该是怎样的）上找到你的方向和使命感。虽然它们联系紧密，但在宏观层面上的改变是需要很大勇气的，如离开目前的公司或者放弃现成的人生道路；在微观层面上的改变就容易得多，如每星期花一两个小时做自己爱做的事，但仍然可以帮助你获得更多的幸福感。

（资料来源：泰勒·本-沙哈尔《幸福的方法》）

超级链接

“只追前一名”与“只写一个剧本”

有一个女孩，小的时候由于身体纤弱，每次上体育课跑步都落在最后。这让好胜心极强的她感到非常沮丧，甚至害怕上体育课。这时，女孩的妈妈安慰她：“没关系的，你年龄最小，可以跑在最后。不过，孩子，你记住，下一次你的目标就是：只追前一名。”小女孩点了点头，记住了妈妈的话。

再跑步时，她就奋力追赶她前面的同学。结果从倒数第一，到倒数第二、倒数第三、倒数第四……一个学期还没结束，她的跑步成绩已“跑到”中游水平，而且她慢慢地喜欢上了体育课。接下来，小女孩的妈妈把“只追前一名”的理念延伸到她的学习中。妈妈告诉她：“如果每次考试都超过一个同学的话，那你就非常了不起啦!”就这样，女孩的妈妈始终以“只追前一名”的理念引导和教育女孩。在这种理念的引导下，这个女孩于 2001 年从北京大学毕业，同年 4 月被哈佛大学教育学院以全额奖学金录取，成为当年哈佛教育学院录取的唯一一位中国本科应届毕业生，她就是朱成。2002 年 6 月，朱成获得哈佛大学硕士学位，同年 9 月她被哈佛大学文理学院聘为全职教师。2003 年 9 月，她在哈佛大学攻读博士学位。2006 年 4 月，她当选为有 11 个研究生院的哈佛大学研究生院学生会总会主席。这是哈佛 370 年历史上第一次由中国籍学生出任该职位，这在当时引起了巨大轰动。

“只追前一名”，就是所谓的“跳一跳，摘桃子”。没有目标，便失去了方向，没有期望，便失去了动力。但是，目标太高，好高骛远，便高不可攀；期望太大，不着边际，便望而生畏。这样，最后的结果不是力不从心，便是半途而废。明确而又可行的目标，真实而又适度的期望，才能让我们脚踏实地、胸有成竹地朝前走。

希华·莱德是英国知名作家兼战地记者。第二次世界大战结束后，他谋到了一个写广告剧本的差事。出于信任，广告商并没有跟他签订什么合同，也没有明确规定他一共需要写多少个剧本。平心静气的莱德一直不停地写，竟然一口气完成了 2000 个广告剧本，这个成绩令世人震惊，甚至连他自己都感到十分意外。而如果当初广告商与他签订合同的话，别说是 2000 个剧本，就是 1000 个剧本，他也会难以完成的。世界著名撑竿跳高运动员布勃卡有个绰号叫“一厘米王”，因为在一些重大的国际比赛中，他几乎每次都能刷新自己保持的纪录，将成绩提高一厘米。当成功地跃过 6.15 米、第 35 次刷新世界纪录时，他不无感慨地说：“如果我当初就把训练目标定在 6.15 米，没准儿会被这个目标吓倒。”

我们应当把目标降低到“一厘米”，把期望缩小到“一个剧本”，分时限、分阶段地去实现人生的抱负。只有轻装上阵，集中精力做好今天，做好当前，才能“稳扎稳打”，满怀信心地走向明天，走向未来。

第六章

在人际关系中体验幸福

友谊能增进快乐，减轻痛苦，因为它能倍增我们的喜悦，分担我们的烦忧。

——爱迪生

开启幸福

故事导入

故事一：葡萄牙马德拉岛附近有一座岛，形状像一个巨大的圆柱体，顶部是几亩大的大平台，上面生长着制造马德拉酒的最好的葡萄。这个平台上只有一头大型的动物，就是一头耕地的牛。上去山顶的路只有一条羊肠小道，那么，老牛死后，小牛是怎样上去的呢？原来是由一个工人背着一头小牛爬上去，然后它要在那里孤零零地耕 40 年的田。

（资料来源：马丁 · 塞利格曼《持续的幸福》）

故事二：一位曾患抑郁症的来访者自述："我上大学的时候得了抑郁症，对世界上的一切事情都很沮丧，头发掉了很多，人也特别瘦。我不想告诉别人，当我不舒服的时候我就去学校旁边的山上，有时候坐在草里一整天，有时候就一圈圈上山、下山。我以为别人都不知道这件事，有一天上山后很晚回去，一个好朋友突然满身大汗地出现在宿舍，我才知道原来朋友们都知道，但是都不说，一有空就跟着我上山看着我。那天我手机没电又走得快，朋友一直没撞见我，就围着山也狂奔了很多圈。我们见面就抱头痛哭了，从此我好像慢慢变好了，朋友真的是很神奇的存在。"

如果这两则小故事让你心有所动，那么请你想一想为什么。

有很多智者和诗人赞美孤独，鄙夷烦琐又形式化的社交活动。诚然人际关系会受到资源置换等利益因素的影响，成人间的关系的复杂性和矛盾性有时会让我们不胜其烦，心生厌倦。但与此同时，让我们尝试想象幸福的情景，无论是与家人共享天伦之乐，还是和两三好友小酌夜谈，抑或是节庆日的大型狂欢，显然极少的情况是我们孤身一人。我们很容易得出这样的观点：好的关系是幸福必不可少的。实际上对于普罗大众而言，只要你和人待在一起，即便不是十分亲密的人，有一些痛苦感也能自动减半。倘若你的生活里有一个人，可以让你在凌晨 4 点仍然敢打电话过去倾诉烦恼，这样的人际关系一定可以给你带来很强的安全感。

早在1960年，记者戈登·扬(Gordon Young)就曾问心理学大师荣格："你认为，想要获得幸福，人类的头脑里需要哪些必备的基本要素?"荣格回答了包括良好的生理和心理健康、良好的人际和亲密关系、一定的生活水准和令人满意的工作在内的四点，其中良好的人际和亲密关系被荣格放在了继良好的生理和心理健康后第二重要的位置。此外如塞利格曼、泰勒·本-沙哈尔等众多积极心理学家在为人类找寻幸福之路时，人际关系更是从来不会被忽视。这些都让我们相信，良好的人际关系是人类幸福的基石。本章将阐述人际关系与幸福之间的密切关系，也注重为大学生建立良好的人际关系提供切实可行的建议和操作方法。

幸福秘笈

良好的人际关系构成我们幸福感的核心因素，哲学家和积极心理学家都极为认同这一点。亚里士多德就曾写道："没有友谊，就没有幸福。"培根也说，亲密关系可以"将我们的快乐加倍，将我们的痛苦减半"。德·狄纳和马丁·塞利格曼两位积极心理学界的领袖，研究了一些"非常快乐的人"，并且将他们和"不快乐的人"做了比较。他们发现在外界因素中，唯一能够区分两种人的是：是否具有丰富而满意的人际关系。那么为什么良好的人际关系对我们的幸福如此重要呢？在当下的互联网时代，网络的虚拟社交也在人们的社交中占了相当大的比例，虚拟社交带来的人际关系对我们的幸福又有着怎样的影响？接下来就将深入探讨这些问题。

一 良好的人际关系与幸福感

1. 良好的人际关系让人更成功

我们不是说成功的人一定很幸福，但是我们无法否认在世俗意义上成功的人（有良好的经济条件、名誉、美满的家庭等）拥有比失败者更大的幸福可能性。良好的人际关系是我们取得成功的关键因素这个结论被相当有说服力的研究证明了。该研究就是为人们所熟知的“格兰特社会适应研究”。

这项研究从 1938 年开始，研究人员对精挑细选的哈佛大学 1939 届、1940 届和 1941 届的大二男生进行了一系列的测试和采访。这些人之所以被选中，并不是因为他们的某方面存在问题，而是因为他们看起来都前途无量（这群人当中包括了未来的总统约翰 · F. 肯尼迪以及将在“水门事件”中领导《华盛顿邮报》的本 · 布莱德利）。这项研究最初旨在跟踪研究这些似乎注定会成功的人大概 15 到 20 年，而在很多年之后的今天，这项研究仍在进行，最初参与这项研究的 268 人中仍有 30 人健在。1967 年，这些档案与格鲁克研究的档案被合并到了一起。格鲁克研究是一个相似的研究，但它的对象是 456 名贫穷但没有犯罪记录的白人小孩，这些小孩成长于 20 世纪 40 年代的波士顿内城，尽管这批人去世时的平均年龄比哈佛研究中的那批人要小 9 岁，但目前仍有大约 80 人健在（数据来源于 2014 年）。

2009 年，《大西洋月刊》的作家乔舒亚 · 沃尔夫 · 申克（Joshua Wolf Shenk）询问在格兰特研究中工作时间最长的前主管乔治 · 瓦利恩特（George Vaillant），他认为格兰特研究中最重要的发现是什么。瓦利恩特回答说：“研究告诉我们，生命中唯一真正重要的事就是你与其他人的关系。”

申克的文章刊登之后，瓦利恩特立即被卷入全世界怀疑论者的口诛笔伐之中。为了回应这些疑问，瓦利恩特创造了一个他称为“十项全能指标”的东西，囊括了人们到晚年（60 到 80 岁）时应该完成的可被视作成功标志的 10 项成就。这项任务清单包括在生命的前四分之一时间内找到一份有稳定收入来源的工作，自己的传记被收入《美国名人录》（*Who's Who in America*）中，心理压力很小，在事业与爱情中都能获得享受与成功，从 65 岁起开始享受人生，身心健康，除了妻儿之外有其他的社会支持，婚姻状况良好以及与孩子有着亲密的关系。在这个清单中，所有的成就都被证明是息息相关的，在一项中获得高分意味着很有可能在其他成就中也获得高分。但在所有这些影响因素中，只有四项是与成功标准密切挂钩的，而这四项都与人际关系有关。瓦利恩特有力地证明，一个男人构建亲密关系的能力可以决定他生活中方方面面的成功。这项研究的具体内容在本章超级链接部分有更详细的介绍。

2. 良好的人际关系让人更健康

哈佛大学医学院的教授、精神病学家罗伯特 · 瓦尔丁格（Robert Waldinger）是目前“格兰特社会适应研究”的领导者。他指出，良好的人际关系不仅仅与物质上的成功以及幸福的心理状态相关，甚至还影响了生理健康，而生理健康对我们幸福的重要性不言而喻。

瓦尔丁格说：“在这所有纷杂的信息和概念当中，最重要的一点是，人际关系的质量对于自身的影响要比我们所认为的大得多。这种影响不仅关乎心理层面的幸福，还包括生理层面的身体健康。”“如果要对我们 80 岁时的健康状况做出预测，那么 50 岁时我们婚姻幸福程度的影响肯定远比 50 岁时体内胆固醇的含量的影响大得多。”亲密的人际关系与良好的社会联系可以让我们保持幸福而健康的状态，这才是最关键的因素。

强大的人际关系不仅能让我们更加健康，还会影响到我们大脑的结构。感到被社会孤立的人常常在很早就成为易患病人群，甚至有研究表明孤独的人连患感冒都不容易好，另外他们的大脑退化得也会更早，记忆力也会变得更差。还有研究认为，强大的社会人际关系可以增强个人免疫系统，延长寿命（跟戒烟相比），手术后能快速痊愈，并降低个人罹患抑郁症和焦虑症的风险。利用脑部扫描技术，瓦尔丁格和他的团队发现，对自己的生活满意度较高的人拥有更多的脑部连接，他们在观看视觉影像时的脑部活动状况也明显优于对生活不甚满意的人。

3. 良好的人际关系能满足个体的情感需求

有人曾经要求积极心理学的创始人之一——克里斯托弗·彼得森，用两个字来描述积极心理学是讲什么的，他回答说：“他人。”与朋友、家人共享美好的时光是幸福的必需品。与我们关心的人和关心我们的人在一起分享我们生命里的经历、想法以及感受，可以增加生活的意义并安抚我们的痛苦，让我们感到这个世界充满欢乐。也就是说，良好的人际关系可以满足我们那些实际的需求，如让我们更容易成功、更健康。更为重要的是，对于我们的幸福而言，良好的人际关系满足了我们的情感需求，它让我们拥有归属感，感到被需要，让我们更快乐。

塞涅卡说得对：“一个只关心自己，凡事都会呵护自己的利益者，是不可能活得快乐的。”约翰·邓恩说得也没错：没有任何人是一座孤岛。我们是一种群性超强的物种，充满爱、分享及其他种种可和他人紧紧联结的感情。依恋与感情关系可能会带给我们痛苦，如我们永远无法适应人与人之间的冲突。人际关系出现冲突时——有个讨厌的同事或室友，或跟配偶长期不和，一定会让人不快乐。这种伤害会每天一直持续，就算我们没看到对方，两人之间的冲突画面还会萦绕在脑海中。但是也正是因为这样，我们必须与他人建立良好的联结。就像萨特所说的“他人即地狱”，但是他人也是天堂。

或许你会想为什么我们一定得从他人那里寻找幸福？因为我们基本不会依恋自己，不会在自己身上寻求安全感以及成就感。或许对于有些世外高人来说，他们参禅修行，可以不将自己的喜怒依附于他人，但是对于大多数普通人而言，这是很困难的。比如，你想一想：上一次开怀大笑是什么时候？上一次喜不自禁是什么时候？上一次感觉到深刻的意义和目的是什么时候？上一次为取得成就而极其自豪是什么时候？即使我不知道你在生活中何时经历过这些闪光点，我也能知道它们的特点——它们应该都与他人有关。他人是人生低潮最好和最可靠的解药。塞利格曼曾在书中讲过一个有关他的朋友和朋友的母亲的故事。小时候，当母亲看到他心情不好的时候就会说："孩子，你看上去好像心情不好，你出去帮助别人吧。"这位母亲的智慧已经得到了严格的实证研究的证实。科学家发现在测试过的所有方法中，帮助别人是提升幸福感最可靠的方法。

社交问题还会影响到我们的自尊和自我价值感。不是只有外向的人天生比较快乐、健康，当内向的人被迫变得外向时，他们通常也能乐在其中，并借此改善自己的心情。就连那些自认为不需要人际往来的人，一样可以从中获益，因为我们都需要人来依靠。近来关于"给予"的研究显示，关心他人的人要比接受帮助者获益更大。我们需要跟他人互动并紧密联结；我们不仅要能施，还要能受；我们需要一份归属感。

4. 良好的人际关系能满足人类的社交需求

我们都知道，良好的人际关系会带来很多好处，如让我们身体更健康，让我们更加成功，乃至让我们感到被需要和归属感，等等。当关系不和谐，或我们在社交中感到被排斥时，我们大脑里的反应与感到生理疼痛时的反应是类似的，也就是说，社交中的痛苦和身体上的疼痛在我们的感受中是一样的。积极的人际关系对幸福带来的正面影响，以及这种关系的欠缺所带来的负面影响，都是无可否认的。但理论上的问题是，积极的人际关系是否能作为幸福必需的元素之一。积极的关系显然符合其中的两项标准：它有助于幸福，还可以独立于其他元素而被测量。不过，我们会为了关系而追求关系吗？还是为了积极的情绪、意义或成就而追求它？如果它不能带来积极的情绪、意义或成就，那么我们还会追求它吗？我暂时还不能肯定地回答这个问题，甚至都想不出一种严格的实验方法，因为目前我们所知道的所有的积极的关系，都伴随着积极的情绪、意义或成就。不过，最近有两种关于人类进化的思潮都讨论了积极的关系自身的重要性和意义。

首先，人类学研究表明，我们是为了社交，才发育出了更大体积的、与身材比例不相符的大脑。动物大脑的大小往往和身材成正比，只有灵长类动物是个特例，大脑占身体的比例是最大的。为什么如此呢？人类学家罗宾·邓巴（Robin Dunbar）认为，大脑体积的扩大可能是为了满足社交需求：决定大脑大小的关键因素是最外面的一层——新大脑皮层，而通过对 38 个灵长类动物种属的比对，在排除躯体大小的干扰后，他发现，大脑的大小和动物所在社群的大小成正比，社群越大，大脑的体积也就越大。而从演化的角度来分析，同一种属的社群属性变弱时，新大脑皮层也会变小。因此他认为，我们大脑的发育是受社交的需要所影响和推动的。或许社交对我们来说确实比你想象中还要基本和重要。“人的天性就是社会性动物。那些生来离群索居的个体，要么不值得我们关注，要么不是人类。”——亚里士多德在《政治学》里的论述虽然听起来有些极端，但近年来的科学家对大脑的研究却证明了，对社交的需求和对食物、住所的需求同样基本。

此外，认知神经科学家马修·利伯曼（Matthew Lieberman）等人还发现，当我们的大脑不处理任何具体工作时，它的“默认”区域会活跃起来，其他和具体任务相关的区域则会不活跃。我们大脑的“默认”部分包含两个关键区域——内侧顶叶皮层和背内侧前额叶皮层，而它们都是和社会关系密切相关的、用于思考和社交相关的问题的区域。当这两个区域被激活时，表示人们是在思考过去的社交行为、社交问题的解决办法，计划未来的社交安排，等等。这佐证了进化论的猜测：我们在时刻准备着社交——当我们的大脑好不容易闲下来的时候，就会默认开始思考和社交相关的内容。英国心理学家尼克·汉弗莱也提出类似的解释：大脑是用来解决社会问题的，而不是用来解决物质问题的。

当我们和别人交谈时，我们如何才能让他人觉得很有趣，令他人不会生气，有时又需要让他人意识到他错了？这些是非常复杂的问题，计算机可以很快地设计出武器和工具，但是解决不了这些问题。然而，人类每时每刻都在解决社会问题。我们巨大的前额叶皮层不断地用它数十亿个连接模拟着各种可能的社会情形，然后决策出最佳行为。因此，巨大的大脑是一个社会关系模拟机，为了能设计和开展和谐而有效的人际关系，它得到了进化。另一种把大脑与社会关系模拟机联系在一起的进化观点是群体选择。理查德·道金斯的“自私的基因”理论认为，个体是自然选择的唯一单位。世界上两位杰出的生物学家——埃德蒙·威尔逊和戴维·威尔逊，最近提出了大量证据，证明群体是自然选择的一个主要单位。他们的论据源自社会性昆虫：黄蜂、蜜蜂、白蚁和蚂蚁，它们都有工厂、要塞、通信系统，而且就像人类主导着脊椎动物世界一样，它们主导了昆虫世界。社会性是人类已知的最成功的高等适应形式，有学者猜测，它甚至比眼睛的进化作用还要大。社会性昆虫在数学上最合理的选择机制应该是通过群体，而非个体进行选择。

群体选择在直觉上很简单：假设有两组灵长类动物群体，都由基因多样的个体组成。试想一下，其中一组的大脑结构在感情上能促进爱、同情、善良和自我牺牲等“蜂巢情感”的发展，在认知上能有模拟他人心思的镜像神经元，我们把它们称为“社会组”。另一个“非社会组”在认识物理世界上和“社会组”一样聪明，身体也一样强壮，但没有这些“蜂巢情感”。现在这两组动物进入了一种你死我活的竞争关系，如战争或饥荒。最终，“社会组”会赢，因为它们能够合作、团体狩猎、发明农业。这一组的基因会被保存和复制下来，包括那些产生“蜂巢情感”和理解他人的能力的基因。

我们永远也不会知道社会昆虫到底有没有“蜂巢情感”，也不知道它们用来维持群体合作的方法是否牵涉情感，但我们深知，积极的人类情感在很大程度上是为了社会和人际关系的发展。在感情上，我们是群体动物，不可避免地寻求与群体内其他成员的积极关系。因此，社会大脑、蜂巢情感和群体选择，让我们不得不相信积极的关系是幸福必备的元素之一。虽然积极的关系总伴随着情绪、意义或成就，但这并不意味着人们为了积极的情绪、意义或成就而追求关系。相反，正因为积极的关系对人类太重要了，进化才让其他元素也参与支持积极的关系，以确保我们一定会追求积极的关系。

二　虚拟社交对个体的影响

一代又一代的幸福研究都强调了人际关系的重要性，这也导致了一场关于现代人的争论。我们生活在一个社交网络密布的年代，每年，无论是参与到社交网络当中的人或比例，还是人们花在社交网络当中的时间都在持续地增长。随着线上虚拟社交的发展，当今大学生大多都会频繁使用各种网络社交软件，这些虚拟社交会对我们造成什么样的影响呢？虚拟社交是否与现实的人际交往一样给予我们支持，增强我们的幸福感呢？一系列关于社交网络的研究表明，似乎并非如此。

1. 虚拟社交可能会使你感到更孤独

研究者表明，虚拟社交并不能真的扩大交际圈，相反，越多使用网络社交的人可能会越感到孤独。“纽约客”的心理学专栏作者玛丽亚·科尼科娃（Maria Knnikova）称，互联网具有使人疏远的天然属性。1998年，罗伯特·克劳特（Robert Kraut）的纵向研究发现，在人们最开始使用网络的一两年时间里，快乐感和社会连接感表现出持续的下降。其中，使用网络对人们的家庭关系影响最大。使用网络社交的人与家人的联系和交流会明显减少。而且伴随着社交圈的缩小，他们的抑郁感和孤独感会增强。除此之外，更多的社交网络使用还被证明会降低亲密关系的满意度，原因在于它会催生嫉妒和怀疑。研究者认为，这是由于社交网络暴露出的信息更多，更有可能暴露出自己伴侣过去的经历及与他人交流的信息，而同时，社交网络信息的模糊性又会引起更多的猜测和想象。当人们将更多的时间花在线上时，就会减少现实中与伴侣的相处时间。澳大利亚的研究分析了社交网络使用和大五人格的关系。结果发现，比起那些不使用 Facebook 的人来说，使用 Facebook 的人整体自恋水平更高，在社交中的孤独感更强。这让我们不禁思索：为什么社交网络使我们感到孤独呢？

卡内基·梅隆大学的莫伊拉·伯克（Moira Burke）对 1200 名 Facebook 使用者进行了纵向研究，她针对用户在 Facebook 上的一系列行为（如点赞、私信、评论，等等），分析了它们和幸福感、连接感的关系。她的结论是，社交网络本身并不会使人感到不幸福和孤独，但它的某些功能和特性容易对人造成不良的影响。莫伊拉·伯克得出以下两点结论。

第一，当人们在社交网络上沟通时，只接收私人层面的沟通内容，会有利于孤独感的减轻和幸福感的提升。（我们都喜欢让伴侣多给自己发消息是有道理的）她将社交网络上的行为分为三类。

“点赞式交流”，即没有实际内容，只是通过机械性的点赞等动作或者“易于生产的”方式来交流，如泛泛的赞美和祝福。

“广播式交流”，即浏览信息流上的朋友最新动态、弹出的新提醒或各种不经意接收到的信息，如看到别人在国外游玩的照片、新做的午餐照片，了解新生儿的趣事，等等。

“创作式交流”，即沟通的内容是个性化的，通常是定向的、一对一的，也是更发自内心的交流。

与社交网络上的沟通对象的关系分为两类：强关系（和比较亲密的朋友的关系，通常在线下也认识）和弱关系（和不认识或不太熟悉的人的关系）。当用这两种维度来分析在社交网络上不同的关系和沟通方式对人的社会连接感、幸福感造成的影响时，她发现：从总体上来说，社交网络的使用频率与人的孤独感、幸福感并不直接相关。接收到来自“强关系”的交流会使人的幸福感提高，与“弱关系”的交流则对幸福感没有影响；接收到“创作式交流”，会明显地提高人的幸福感与连接感，而“点赞式交流”“广播式交流”则对连接感、幸福感没有影响；当人们接收到来自强关系的“创作式交流”时，幸福感和连接感的提高最为明显。而无论是来自弱关系的“创作式交流”，还是来自强关系的“点赞式交流”“广播式交流”，都对幸福感和连接感没有影响。如果你收到来自亲密伴侣的专门发给你的消息，幸福感和连接感都会提高；而如果他/她只是随手给你点个赞，就不一样了。当然，如果不认识的人给你发专门的消息也是不起什么作用的。

第二，在社交网络上的“被动消费”会降低人的连接感和幸福感。“被动消费”指的是无目的地、不经意地接收信息，如“广播式交流”。她的实验发现，看别人的 Facebook 页面会让人产生更多的抑郁情绪。

这与现在的人们在社交网络上已经过于在意自我展示有关。如今，社交网络是一个展现自我的渠道。一个人在社交网络中体现的形象（你的个人页面介绍、朋友圈照片）已经成为个人品牌的象征，这也使得我们格外在意对社交网络上的个人形象进行维护。

计算机和虚拟现实技术专家杰伦·拉尼尔（Jaron Lanier）表示，Facebook 给了人们一个塑造“虚拟模范”的机会，因为我们不必经历在现实中表现自我时可能会遇到的尴尬——说话卡壳、发挥失常、仪态不佳、妆容脱落，等等。我们可以精心地修饰每一张照片，编辑每一段文字，展现一个完美的自己。但正是这种对于塑造完美自己的需求，使人们被“囚禁”在自我表现的监牢中。我们同时也看到了越来越多的人精心设计过后的形象，被动消费了这些形象之后，我们下意识的“社会比较”会无形中使我们更无法安于自己的生活，变得更为焦虑。

2. 获得幸福所需要的社交方式

（1）提高社交质量，而不是数量

纽约大学社会学家埃里克·克林伯格（Eric Klinenberg）认为，是社会互动的质量，而不是数量，决定了你是否孤独。有的人虽然独居，很少见人，但仍然在少量的社交中获得了满足；有的人虽然整天聚会，却依然感到孤独。而且，随着年龄的增长，人们对社交质量的要求会越来越超越对数量的要求。相比于 20 岁时，30 岁的人会更需要建立有意义的、重要的和亲密的社会连接。（Carmichael，et al.，2015）

因此，无论是线上社交还是线下社交，你都要想办法提高它们的质量——进行更有意义的谈话，交到更亲密的朋友，少一些“被动消费”和“点赞之交”。

（2）回到线下生活

芝加哥大学的约翰·卡乔波（John Cacioppo）对不同的社交方式（Facebook、论坛、在线游戏、约会网站及线下面对面的社交）进行了分析，发现一个人在线下（面对面）互动的比例越高，就越不容易感到孤独；在线下互动的比例越低，孤独感就越强。

但他认为，这并不能说明喜欢线上社交的人就一定更孤独。“真正重要的不是你用什么工具在交友，而是它是否扩大了你的线下交往比例。”卡乔波表示，Facebook、论坛、约会网站都只是工具，和所有的工具一样，关键在于人如何使用它们。如果它们能够增加你的线下交往，如你和网上认识的人在线下见面，一起拼车，通过网络组建了线下兴趣小组，那么，网络也会让我们感到更不孤独。

想一想：你用于网络虚拟社交的时间和现实生活中的社交时间哪个更多？数一数：你的网络上的朋友哪些可以转化为现实中的朋友——那种随时能约、时不时小聚、互相串门的朋友？

幸福行动

在我们深入探讨了良好的人际关系是构成幸福的核心因素之后，就要解决该如何建立良好的人际关系这一问题了。菲利普·津巴多说："历史上从来没有哪一刻像当下这样，对人们的社交技能有如此高的要求。"他这样说的原因是他认为当下这个时代，社交孤立和社会冷漠频繁出现，建立牢固的社会关系已变得十分困难。大学生似乎也在感叹"越长大越孤单"。接下来，我们就将针对大学生的具体情况，提出一些人际交往的建议，希望同学们都能在丰富而满意的人际关系中度过幸福的大学时光乃至之后的人生。

练习一 如何能使友情产生和持久？

对于大学生来说，同伴人际关系是整个人际关系中非常重要的一部分。美国的一项调查显示，20～24岁的人是所有年龄段中最愿意花时间与朋友交际的，他们每周会花10～25小时在社交上，因为此时，他们已经有了更多的自由，又还不需要担负太多和婚姻、事业有关的责任，而大学给人提供了最好的交朋友的场所。此外，根据发展心理学家埃里克森的理论，18～25岁被称为"成年初期"，人们在这一阶段的中心任务是解决亲密与孤独的冲突，也就是说，这是我们最需要获得亲密感以避免孤独感的时期。这一阶段往往也是我们人生的第一个重大改变阶段：我们可能会离开家乡，到陌生的国家或城市求学和工作，遇到爱人，结婚，等等。埃里克森认为，成年早期的我们最为需要社会网络的支持，朋友在这个时段变得功能性需求更强，我们与朋友一起玩乐、分享资源，等等。

与此同时，与童年和青少年时期相比，基本成年的大学生似乎交朋友的难度明显地增加了。当你年幼的时候，在操场上玩耍时很容易就走向另一个玩伴，问他/她是否可以和你成为朋友，但如今，你很难想象这种事。在成年人的定义里，友情到底是什么？当我们已经不再是孩子时，特别是处于成年早期时，应该如何开启和维系友情？

1. 开启友情：非主动接触

20 世纪 50 年代，社会心理学家丽贝卡·G. 亚当斯（Rebecca G. Adams）根据一系列研究结果提出，开启一段友情需要三个条件：一是接近性，指物理上的接近；二是反复的、无计划性的互动，即要有经常接触的机会；三是能够鼓励人们放下防备、对彼此吐露真心的环境。其中，接近性和互动使你们得以熟识，自我暴露、对彼此吐露真心则使你们从熟人变成朋友。

1950 年，社会心理学家费斯廷格（Festinger）做了一系列相关研究。他认为，无论是在人生的哪个阶段，大量的“非主动接触”都是一段友情得以开始的关键。非主动接触是指一些人自然地反复在你身边出现，如同学、同事、邻居等。心理学中用“多看效应”来形容这种现象。多看效应指的是，单纯的反复暴露就会影响你对被暴露物的印象。实验显示，如果个体一开始对于被暴露物的印象是正面或者中立的，反复暴露会增强个体对被暴露物的好感。而如果个体一开始对于被暴露物的印象就是负面的，反复暴露则会增强个体对被暴露物的反感。我们没有特殊印象的陌生人一旦反复在我们面前出现，我们对他们的好感程度就会超过对那些不经常出现的人的好感程度，这是非主动接触会促使友情开始的原因。

2. 友情真正开始建立的关键：自我暴露

当两个人由于接近和大量的互动而开始熟识后，他们还算不上是“朋友”，而只是“熟人”。从熟人关系走向友谊的关键，是自我暴露。加拿大温尼伯大学的贝弗莉·费尔（Beverley Fehr）表示：“从熟人变成朋友的一个典型特征，就是自我暴露的广度和深度的增加。”这个过程往往是这样的：当你们保持经常的见面后，有一方会先冒着暴露个人信息的危险，去“测试”对方是否会有相应的回应。如果双方都愿意进行自我暴露，他们就拥有了一把打开友情的钥匙。

在青春期，朋友间的自我暴露是非常迅速和猛烈的，但对于基本成年的大学生来说，如果想要交到真正的朋友，自我暴露不是越快越好，深度和速度都需要适度。纽约州立大学石溪分校的心理学教授阿瑟·阿伦（Arthur Aron）实验了如何能在 45 分钟的时间内使人们达到“人际上的亲密”。他发现，发展出友情的关键是“循序渐进地暴露私人信息”——即便是在短短 45 分钟的时间里也是如此。

“分享需要适度，过度分享会被认为是片面的、压倒性的、不恰当的社交。”那么，如何辨别出自己的分享是否过度呢？ 阿瑟·阿伦说，观察对方的反应是一个好方法。 如果你发现对方有些紧张、不安，或者不知道如何接话，就说明你可能在进行过度的自我暴露。 阿瑟·阿伦实验了多种沟通的模型，最终开发出了一个在短时间内最容易交到朋友的问题模型，其中包括 3 组问题，每组 12 个。

第一组问题是带一点儿私人性质的问题。 比如：“在打电话之前，你会预先练习将要说出的话么？”“你上一次对自己唱歌是什么时候？”“假如能够改变成长的方式，你希望如何长大？”

第二组问题则更私人。 比如：“你最恐怖的记忆是什么？”“有什么事情是你一直以来想做的吗？ 为什么你还没有做它？”“你与母亲的关系如何？”

最后一组问题则是最为私人的。 比如：“什么是绝不能开的玩笑？”“你上一次在其他人面前哭是什么时候？”“在你的家庭中，谁的去世会让你最难过？”

通过这些问题引发的循序渐进的自我暴露，最容易使人们打开心扉，成为朋友。

3. 维持长久的友情：懂得如何付出与索取

当你开始与另一个人建立起友情时，接下来需要面对的则是对友情的维持。 1995 年，贝弗莉·费尔发表了《友谊进程》（*Friendship Processes*）一书，分析了友情在成年早期的发展过程。 她的研究认为，当成年人的友情进入到维持阶段时，就不再需要物理上的接近和反复的互动，搬家、异地都不是一份长久友情的障碍，朋友的“实用性”也几乎起不到什么作用。 “实用性”指的是朋友能够给你的实际帮助，如借钱、借车给你，或者帮你办一件事。 这些对于维持友情来说都无足轻重。

贝弗莉·费尔发现，维持友情的关键是：确立一种成熟的、直觉性的理解，去给予和索取亲密感。 贝弗莉·费尔说：“那些面对另一方的自我暴露明白该说什么样的话去回应的人，会拥有更稳定、更令人满意的友谊。”从成年早期开始，在友情的维持中，长久的朋友是那些愿意随时提供帮助、但却很少逾越界限的人——他/她知道如何表达接纳、忠诚和无条件的支持，什么时候该腾出沙发给你，什么时候该给你一个拥抱。 而那些总对我们的衣橱、伴侣、电影和艺术品位有着太多的意见，对我们的生活喋喋不休的人，会过于逾越界限，他们很难成为我们长久的朋友。

4. 成为最亲密的朋友:支持彼此的社会认同

如前文所说，朋友也分为很多类型。 在你所有的朋友中，只有很少的一部分人会成为你的密友，他们几乎是你最亲密的人，你们对彼此的期望是“超越了一般朋友的职责”的朋友。 在成年人最亲密的朋友之间，联系他们的纽带又是什么呢? 研究发现，不同于青春期，在成年以后，成为密友的关键是“支持彼此的社会认同”（Weisz，Wood，2005）。 社会认同，是泰弗尔（Tajfel）在20 世纪七八十年代提出的，它指的是“个体认识到他/她属于特定的社会群体，同时也认识到作为群体成员带给他/她的情感和价值意义”。 社会认同可能是你的宗教信仰、兴趣小组、特殊经历群体（如留学生）等，而不是来自哪个省，或者你的体重有多少等。

支持彼此的社会认同指的是认可和支持对方对自己的社会认同——你了解他/她认为自己属于哪些社会群体，你了解作为这些群体成员带给他/她的情感和价值意义，同时你认可和支持这一切。

魏斯针对大学一年级的新生在他们四年的大学生涯里做了跟踪调查，重点研究友情持续时间、亲密程度与三个变量的关系: 接近性、联络频率以及支持对方的社会认同的程度。 结果发现，接近性、联络频率和社会认同支持程度这三个因素都能够预测友情的持续时间，即两个人越接近，越经常联络，给对方社会认同的支持越多，友情就会越长久; 但只有社会认同支持一项能够预测人们是否能成为最亲密的朋友。

一项对乳腺癌病人互助组的研究显示，当病人康复，重新回到自己的职业身份和家庭身份时，她们仍然会保持着和互助组中的朋友的紧密情感联结，因为她们了解彼此作为癌症病人这一群体身份的感受，她们也支持彼此的这一社会认同。

对彼此社会认同的支持，可能是在双方有着一样的社会认同的情况下发生的，如在同一个互助会或者俱乐部里，但是也并不一定。 魏斯发现，大量的社会认同支持往往来自那些和你不在同一个群体内的朋友，但他们能够对你的社会身份进行确认。 比如，他们会说“你在为自闭症孩子提供志愿服务，太棒了”，或者“你是一个真正的社会主义者”。

研究者认为，这可能是因为对我们社会认同的确认有助于提高我们的自尊水平。 我们所做的事、经历、价值观等得到了确认、理解与支持。 这或许同时意味着，如果你觉得自己缺少密友，可能与你没找到自己的社会认同有关。

练习二 走出社交焦虑，迎接人际幸福

菲利普·津巴多这样描述社交焦虑者："社交技能没有得到充分发展的个体，就像刚踏上异乡土地的旅人。他们不懂当地的语言，无法融入当地的生活。"在临床工作中，心理医生们反复听到那些有人际困难的病人诉说："我觉得他们之间好像有一种我不能理解的暗语。他们有一些我不明白的规则。每当处在一群人中时，我总觉得自己是特别笨拙的那个——我只是尽量假装和掩饰，不让别人觉察我的笨拙。"

林恩·亨德森所著的《害羞与社交焦虑症》一书对社交焦虑的定义是：由于害怕外界的消极评价而对社交产生不舒服的、恐惧的情绪，以及在社交情境中表现出退缩、回避行为。这种社交中的不安和不参与会严重影响个体的适应性行为，进而妨碍他们对自己人生目标的追求。

需要注意的是，这里所提到的"社交焦虑"，不是诊断意义上的"社交焦虑症"。极端的社交焦虑症会严重影响个体的适应性行为，焦虑障碍、惊恐障碍、恐怖症和物质滥用是社交焦虑症的常见并发症；人格障碍（56%～77%）、精神分裂症（35%）和依赖型人格障碍（23%）等也经常与社交焦虑症共存。日常生活中并不会有很多人真的达到社交焦虑症的诊断标准，他们只是存在社交焦虑的情绪或者倾向，或者只是人格特质上的"害羞"（社交沉默）。

缓解社交焦虑——社会适应模型。

社会适应模型（Social Fitness Model）是心理学家亨德森在"害羞诊所"长达25年的实践中，创造性地建立的治疗社交焦虑的理论。她认为，不能简单地从病理学或身体病态的角度来界定和应对害羞和社交焦虑，而是要将社交焦虑看作个体心理和情绪的一种亚健康状态。为了从亚健康到健康，我们需要长期进行"锻炼"，以培养社会适应能力。她认为，要改变社交焦虑，需要从三个方面进行改变。

第一，选择一种适合自己的社交情境。

社交焦虑者需要明确的是，他们完全有能力支配自己的行为，管理和控制自己的生理唤起（如出汗、发抖、脸红等）。合理、适当且能够达到理想社交效果的技能有无数种，我们可以不断地尝试，并选择适合自己的交往方式，来达到理想的社会适应状态。改变社交焦虑的过程，也是一个不断发现自己和了解自己的过程。

第二，努力在认知观念上做出改变，从而识别和调整负性情绪。

亨德森认为，在本质上，大多数的社交焦虑来源于不合理的认知观念，社

交焦虑者常常聚焦在自己的缺点上，而对优点视而不见。因此，他们需要改变个体消极的、不合理的、适应不良的思维方式，建立起更积极的、具有自我支持性的思维方式。

下面是《害羞与社交焦虑症》一书中列举的一份“认知扭曲观念清单”，这份清单是根据认知行为疗法的理论整理而成的。社交焦虑者可能受到了这些扭曲认知的影响。

全或无：如果表现稍有不完美，就会觉得自己失败了；

过度概括：把一件孤立的消极事件看作永远会持续下去的失败模式；

观点渗透：过分执着于一个负性事件的某一个细节，认为整个生活都会很糟糕，就像水杯中滴入了一滴墨水一样；

否定积极事件：就算有正面的事件发生，还是会用某种理由支持自己的负面看法，维持自己的消极信念；

揣摩他人：武断地认为他人是苛责自己的，是充满敌意和不友善的，但不去查证。

糟糕至极：认为一个小的错误会带来极端糟糕的后果。比如，约会请求被拒绝，觉得自己注定孤独终身。

除了扭曲的认知观念外，社交焦虑者还有着适应不良的归因风格。一般情况下，大多数人都有“自我提升”的倾向，认为成功多是自己所为，所有的失败都是外在原因造成的。而研究发现，社交焦虑者表现出一种反向的偏向——自我贬抑，即认为失败是自己造成的，而所有的成功都是外在因素带来的。与此同时，他们还会将失败归因为一般性的（将一次失败迁移到各种场景中）和稳定的（认为自己会一直失败）。（见表 6-1）

表 6-1　自我提升与自我贬抑偏向的对比表

	成功	失败
害羞和社交焦虑者	归因于自己以外的其他因素	归因于自己
	外在	内在
	不稳定	稳定
	特定	一般
	不可控	可控

续表

	成功	失败
其他人	归因于自己	归因于自己以外的其他因素
	内在	外在
	稳定	不稳定
	一般	特定
	可控	不可控

第三，不断付出努力。

就像只有坚持锻炼身体，才能让走形的身材恢复一样，减轻社交焦虑，提高社会适应性的关键也是每天坚持进行社会适应训练。

战胜社交焦虑是一个漫长的过程，那些习惯于回避社交情境的人在短期的治疗后，仍有可能再次受到社交焦虑的困扰。林恩·亨德森说："一般情况下，整个治疗过程不会是一帆风顺的。来访者会一直受到认知行为问题的困扰，甚至微弱的外在因素都会使他们旧病复发。""因此，社会适应模型强调来访者必须正视这种现实，必须明白社会适应是一个不断抵达的过程。与其说社会适应训练是一项治疗方案，不如说是一种值得践行的生活方式。"

下面是一份《应对扭曲的自我概念问卷》，感觉自己有社交焦虑的同学可以用下面的问题给自己做一些矫正。另外还推荐有需要的同学去看林恩·亨德森所著的《害羞与社交焦虑症》。

我确定________吗？

我百分之百确定________吗？

我有哪些证据能够证明________？

我有哪些证据能够证明我________？

我有哪些证据能够证明我不能改变________？

________等同于或能够导致________吗？

我的人格特质或基本个性和________有关吗？

还有其他的解释吗？

我不能控制________的可能性有多大？

如果我发现一些自己想要改变的行为，这是否意味着我存在不足、缺陷或能力差？

我认为自己是有缺点、存在不足的吗？

我是天生就社交能力不足吗？对此，我有哪些特定的行为证据呢？

我认为我的朋友是没有能力做出改变的吗？

给自己贴标签能提升个人表现吗？对此，我有哪些特定的行为证据呢？

我认为自己的孩子天生不善社交、学习能力不强，我对他们的社交能力有影响吗？

超级链接

一 社交焦虑是如何形成的?

林恩·亨德森认为，尽管有基因、气质和环境的作用，但后天因素对社交焦虑症状的影响更加明显。以下这些情况都有可能导致社交焦虑。

• 自身经历应激性、羞辱性的事件，或有被虐待、被忽视的经验，如被老师、父母公开责骂，被他人取笑。

• 一些特定的家庭教养方式，如过于专制或过度保护，会让孩子感到缺少家庭温暖，产生社交焦虑；而父母如果总是责怪或纠正孩子的行为，则会进一步加重孩子的社交焦虑症状。

• 观察他人的行为也会产生社交焦虑，如有看到自己的兄弟姐妹或同学被他人欺负的经历。

• 生活的改变需要个体担当新的社会角色，如得到一次工作晋升，或者与来自不同社会阶层的人结婚。

人们被社交焦虑情绪沾染的过程分为三个阶段，下面介绍被称作害羞与社交焦虑的“恶性三循环”理论。

第一个阶段是“害怕”。当社交焦虑者准备好与他人交往时，内心会充斥着恐惧感。他们担心自己表现得不好，会给他人留下坏的印象。这种担心使他们对交流结果产生了消极的预期和自动化观念，预期随着来访者的担心而不断被强化，又使得他们的担心更加严重。他们纠结于积极应对还是仓皇回避，但总体来说，在这个阶段，他们仍然准备着接近他人。

第二个阶段是“羞耻/自责”。当负面预期和自动化观念不断变强，社交焦虑者对自己行为的反思和内疚越来越严重，他们的羞耻和自责会循环往复。在羞耻感的影响下，他们会觉得他人变得苛责轻蔑、充满恶意，因此对他人产生了愤怒、怨恨的情绪。在这个阶段，他们已经不再尝试或想要接近他人，行为的典型特征是回避/退缩。

第三个阶段是“愤怒/怨恨”。羞耻这种情绪体验，能够通过责怪那些比自己更有优势的人而得到减轻。因此，发展出愤怒、怨恨的情绪后，他们将攻击和指责的目标从内部转向外部，开始抱怨他人自私自利，不为别人着想。在这个阶段，他们行为的典型特征是攻击或者被动攻击。

在逐渐升级的三个循环中，消极的情绪和认知观念不断被强化。

附：你社交焦虑吗?《亨德森—津巴多社交焦虑问卷》

请阅读以下35个描述，思考这些描述在多大程度上符合你的特质，并用1~5分的标准在________上填上相应的数字："非常不符合"为1分，"非常符合"为5分，以此类推。

1. ________在与他人的交往中，我总是担心自己看起来很愚蠢。

2. ________在与他人的交往中，我总感到没有安全感。

3. ________在与他人的交往中，他人总是比我表现得更轻松、自在。

4. ________在与他人的交往中，如果被拒绝，一定是因为我表现得不好。

5. ________在与他人的交往中，我很难和他人谈得来。

6. ________在大部分时间里，我总是感到十分孤独。

7. ________虽然表面上过得去，但是我在心里对他人总是很挑剔。

8. ________即使是不合理的要求，我也很难拒绝。

9. ________在共同合作中，因为不懂拒绝，我做的事总是超过既定任务。

10. ________我认为向别人提出要求很容易。

11. ________我不会让别人知道我很失落、难过。

12. ________我发现约别人出去很难。

13. ________我发现向他人表达自己的真实想法很难。

14. ________我经常怀疑他人对我的用意。

15. ________我常常对别人的要求感到不耐烦。

16. ________在小组讨论时，我常常想躲在一边默默观察，而不愿参与讨论。

17. ________由于担心被他人拒绝或忽视，我总是很难融入社交情境中。

18. ________我担心自己会成为别人的负担。

19. ________当被问到私人问题时，我常常感到紧张、焦虑。

20. ________我不介意被他人利用。

21. ________当我感到他人对我很消极时，我会觉得一定是我做了什么错事。

22. ________我常常思考在特定情境中应该如何表现，并按此行动。

23. ________如果我看起来和他人不一样，我会感到尴尬。

24. ________我对自己感到失望。

25. ________如果事情没有按规定的计划进行，我会自责。

26. ________在与他人的交往中，我常常感到羞愧难当，十分难为情。

27. ________我常常能感受到自己的想法，虽然我不知道它们是怎样产生的。

28. ________我很在意他人是否肯定我。

29. ________在社会交往中，我常常会积极主动地认识更多的人。

30. ________如果有人对我苛刻、挑剔，我想他们一定遇到了不愉快的事情。

31. ________人们越了解我，就越会在背后说我的坏话。

32. ________我觉得取悦他人很重要。

33. ________如果人们知道有人在社交时感到焦虑，他们一定很鄙夷这种人，并由此产生优越感。

34. ________与他人交谈后，我常常会反思自己的行为和表现。

35. ________我对自己的社会支持状况感到满意。

计分方法：

所有题目得分除以35，得出的平均分就是你的最终得分。

注意：第10题、29题、30题和35题需要反向计分。即“非常不符合”为5分，“非常符合”为1分。

对社交焦虑症，该问卷的临床诊断标准为3.5分(也就是说，如果你的平均分超过3.5分，就有社交焦虑症诊断的可能)。常模包括正常的大学生样本和社交焦虑人群样本。大学生样本的平均得分为2.6分(标准差 $SD=0.6$)，社交焦虑人群样本的平均得分为3.6分($SD=0.6$)。

（资料来源：林恩·亨德森《害羞与社交焦虑症》）

二　格兰特研究

故事从1938年开始。那一年，时任哈佛大学卫生系主任的阿列·博克（Arlie Bock）教授觉得，整个研究界都在关心“人为什么会生病/失败/潦倒”，怎么没有人研究一下“人怎样才能健康/成功/幸福”？

博克提出了一项雄心勃勃的研究计划，打算追踪一批人从青少年到人生终结，关注他们的高低转折，记录他们的状态境遇，做到点滴不漏，即时记录，最终将他们的一生转化为一个答案——什么样的人最可能成为人生赢家。

人生赢家的标准十分苛刻。主持这项研究整整32年的心理学者乔治·瓦利恩特(George Vaillant)说，赢家必须“十项全能”：十项标准里有两条与收入有关，四条与身心健康有关，四条与亲密关系和社会支持有关。譬如，80岁后仍身体健康、心智清楚(没活到80岁的自然不算赢家)；60～75岁时与孩子的关系紧密；65～75岁时除了妻子、儿女外仍有其他社会支持(亲友、熟人)；60～85岁时拥有良好的婚姻关系，收入水平居于前25%。

这就是著名的“格兰特研究”(The Grant Study)。研究名字缘于最初的赞助者——慈善家威廉·格兰特(William Grant)。如今，这项研究已经持续了整整76年，花费超过了2000万美元。

从1939年到1944年，这项研究选择了268名当年正在哈佛就读的本科生作为研究对象。这批人已经站在了美国年轻人的巅峰，他们有着光明的未来，得享成功与长寿的概率很大。这正是格兰特研究需要的——研究对象要活得够长，否则就不算“笑到最后”，要足够成功，否则怎能算“笑得最好”?

入选者当年都在19岁上下，全部是家境良好的美国籍白人男性，身心健康，仪表堂堂——事实上，每个入选者都经过了严格的体格“选美”，研究者倾向于挑选猿臂蜂腰者，因为一开始的猜测是，“富有男性气概者”更可能拥有幸福人生。

每隔2年，这批人会收到调查问卷，他们需要回答自己的身体是否健康，精神是否正常，婚姻质量如何，事业成功、失败，退休后是否幸福。研究者根据他们交还的问卷给他们分级，E是情形最糟，A是情形最好。不过，光是自我评定可不够。

每隔5年，会有专业的医师去评估他们的身心健康指标。每隔5～10年，研究者还会亲自前去拜访这批人，通过面谈采访，更深入地了解他们目前的亲密关系、事业收入、人生满意度，以及他们在人生的每个阶段是否适应良好。

这批人可谓“史上被研究得最透彻的一群小白鼠”，他们经历了第二次世界大战、经济萧条、经济复苏、金融海啸，他们结婚、离婚、升职、当选、失败、东山再起、一蹶不振，有人顺利退休，安度晚年，有人自毁健康，早早夭亡。

最终，这268人里确实涌现了不少成功人士，迄今有四位美国参议员，一位州长，甚至一位美国总统——约翰·F. 肯尼迪。不过，肯尼迪的研究档案早就被政府单独拿走了，预计到2040年才有可能解密。

人们通过研究其余 267 份人生档案又得出了怎样的结论呢？

以下因素不太影响“人生成功”：最早猜测的“男子气概”没用，智商超过 110 后就不再影响收入水平，家庭的经济、社会地位高低也影响不大，外向、内向无所谓，也不是非得有特别高超的社交能力，家族里有酗酒史和抑郁史也不是问题。

真正能影响“十项全能”，帮你迈向繁盛人生的，是如下因素：自己不酗酒、不吸烟，锻炼充足，保持健康的体重，以及童年被爱，共情能力高，青年时能建立亲密关系。

如下数据可能会让你大吃一惊：

> 与母亲关系亲密者，一年平均多挣 8.7 万美元。跟兄弟姐妹相亲相爱者，一年平均多挣 5.1 万美元。
>
> 在“亲密关系”这项上得分最高的 58 个人的平均年薪是 24.3 万美元。得分最低的 31 人的平均年薪没有超过 10.2 万美元。只要能在 30 岁前找到“真爱”——无论是真的爱情、友情，还是亲情，就能大大增加你“人生繁盛”的概率。

乍一看，感觉哈佛大学用 76 年熬了一碗浓浓的鸡汤——人生成功的关键是“爱”。这个答案看上去太过普通，以至于让人难以置信。但瓦利恩特说，爱、温暖和亲密关系，会直接影响一个人的“应对机制”。他认为，每个人都会不断遇到意外和挫折，不同的是每个人采取的应对手段不同，“近乎疯狂类”的猜疑、恐惧是最差的；稍好一点儿的是“不够成熟类”的消极、易怒；然后是“神经质类”的压抑、情感抽离；最后是“成熟健康类”的无私、幽默和升华。

一个活在爱里的人，在面对挫折时，可能会选择拿自己开个玩笑，和朋友一起运动，流汗宣泄，接受家人的抚慰和鼓励……这些应对方式能帮一个人迅速进入健康振奋的良性循环。反之，一个“缺爱”的人，遇到挫折时则往往得不到援手，需要独自疗伤，而酗酒、吸烟等常见的“自我疗伤方式”则是早死的主要诱因。

瓦利恩特说：“温暖亲密的关系是美好生活的最重要开场。”当然，并不是每个人都能幸运地拥有美好的童年，但好消息是，不论你今年几岁，都有机会“在爱里获得重生”。在哈佛大学那批人里，一个化名卡米尔的入选者直到 35 岁才第一次知道被别人全心关爱是什么感受——当时他因肺结核住院 14 个月，而医护人员给了他一直渴望的爱与温暖。此后，卡米尔从一个自杀未遂的神经症患者，变成了一个负责的医生、丈夫和父亲，他的家人、病人、下属和朋友都衷心地爱他，最终他在 82 岁攀登阿尔卑斯山的过程中因心脏病突发去世，许多人出席了他的葬礼，向他致意告别——虽然开场并非最佳，但收尾时确实是段丰盛繁茂的成功人生。

（资料来源：Vaillant，G. E. *Triumphs of Experience*）

第七章

在浪漫关系中体验幸福

真正的爱情能够鼓舞人，唤醒他内心沉睡着的力量和潜藏着的才能。

——薄伽丘

开启幸福

爱情天梯——现代的爱情传奇

徐朝清出嫁的那一天，与刘国江首次见面。由于他磕断了门牙，山村有个习俗，掉了门牙的孩子只要让新娘子摸一摸嘴巴，新牙就会长出来，所以他的伯娘抱着他到轿子前，新娘子为他摸了摸嘴巴。

那一年，他 6 岁，她 16 岁。首次见面给刘国江留下了深刻的印象。

徐朝清 13 岁订婚，16 岁结婚，26 岁时却因丈夫患急性脑膜炎去世而成了寡妇。婆家说她克夫，于是她独自带着 4 个孩子。没吃的，她就背着孩子到山上拾野生菌，3 分钱一斤的盐买不起，她就编草鞋卖，一双卖 5 分钱。有一次，她和孩子掉进了河里，16 岁的他跳进河里救起了她们母子，他才第一次正眼看她。之后他就经常主动地帮她担水，砍柴，照应家务。如此 4 年，他们培养了感情。但是她不但比他大整整 10 岁，还是个带着 4 个孩子的寡妇，为了避开村民的闲言细语，1956 年 8 月的一天早上，村里人发现她和 4 个孩子突然失踪了，同时失踪的还有 19 岁的他。

2001 年的中秋，一个户外旅行社在原始森林探险时发现罕无人迹的高山深处竟然住着两位老人。他们仿佛生活在刀耕火种的原始社会，点的是他亲手做的煤油灯，住的是简陋的泥房。而以前没有泥房子时，他们住的是山洞。他们在自己开垦的田地上耕种，自给自足。他们就是几十年前失踪的他和她。

他们在海拔 1500 米的深山老林自力更生，靠野菜和双手养大了 7 个孩子。为让徐朝清出行安全，刘国江一辈子都忙着在悬崖峭壁上凿通向外界的石梯。整整 50 年，铁铣凿烂了 20 多把，他一手一手凿出了 6000 多级的阶梯，每一级的台阶都不会长出青苔，因为只要下雨过后，他都会用手搽过，这样一来就不会滑……这 6000 多级的石阶被人们称为“爱情天梯”。而他，也从一个年轻人变成了一个白发老翁。

二老的爱情故事被媒体曝光后，在全国范围内得到了强烈的反响，被评为 2006 年首届“感动重庆”十大人物，同年又被评为“中国十大经典爱情故事”。2007 年 12 月 18 日，男主人公刘国江老人去世；2012 年 10 月 30 日 21 时 58 分，徐朝清老人去世，享年 87 岁。遵照她的意愿，人们把她葬在刘国江老人身边。这场旷世绝恋虽然随着徐朝清老人一起入了土，但留下了一段传奇让后人恒久地追忆。

讨论与分享：

①你在听完这个现代爱情传奇后有何感受？

②主人公的爱情之所以成为传奇，最重要的原因是什么？

③你是否很向往这种爱情，原因是什么？

幸福秘笈

爱情令人迷醉，爱情是人类永恒的图腾，也是人类精神世界不竭的动力之一。爱与美、爱与人生、爱与永恒紧密相关。大学生正值花样年华，爱情的花朵悄悄地生长绽放。不过，不是所有的爱情都带来了幸福，有人品尝到了恋爱的甜美，有人体验了生活的苦涩，更多的人则留下了酸甜苦辣的成长记忆。

首先我们来分享一个常见的校园爱情故事。大二女生小刘是个痴情的女孩，半个月前刚与男友分手。分手以后，小刘整日神情恍惚、茶饭不思、以泪洗面，靠回忆以往相爱的日子度日。往事历历在目，爱情的誓言还在耳畔回荡，但深爱的人已离她而去了。在这些灰色的日子里，小刘被绝望紧紧包围着，夜夜辗转难眠。她越来越不明白：我那么爱他，对他百依百顺，为他付出了一切，为什么还留不住他的心？

所以说，爱情，不一定会带来幸福。在爱情和幸福之间，我们还需要走一段必需的成长之路。这就是我们这堂课重点讲述的内容。

一 爱情，幸福的源泉

1. 爱情是什么？

爱情是人际吸引最强烈的形式，是身心成熟到一定程度的个体对异性个体产生的有浪漫色彩的高级情感，是男女之间基于一定客观物质条件和共同人生理想，在各自内心中形成的对另一方的最真挚的仰慕，并且是希望对方成为自己人生伴侣的最强烈的、专一的情感。

（1）爱是给予而不是得到

爱一个人，真正的标志是乐于为对方付出，而不会过分计较自己的利益得失。真正的爱与自己的益处毫不相干。成熟的爱情里，两个相爱的人互相给予，分享快乐悲伤，更看重他们为爱情付出了什么，给予了对方什么。这种“给予”并不是“放弃、被别人夺走东西或做出牺牲”，也不是以交换为条件，更不是“一种自我牺牲的美德”。沉浸在爱河里的人通过“给予”，能够体验自我的力量和活力，体验到生命力的升华带来的欢欣。这种爱中的给予，不是个人的牺牲或损失，而是个人生命活力的展现。所谓的“爱在爱中满足了”，就是说的这个意思。

（2）爱是责任

所有的爱都包含着神圣的责任。这种责任不是来自外部世界的强制，而是个人内心的自觉自愿。爱情不仅仅是感官上的愉悦和孤独的陪伴，还意味着与所爱之人相互扶持、共渡难关。和一个人相爱，就意味着二人彼此之间有了责任，要考虑对方的利益和福祉，要彼此之间互相信任，要学会愉快地沟通，要互相理解对方的为人，要用心去包容对方的不足和不同。这些都是爱的必要内容，也属于责任的范畴。因此，爱本身就是一种责任、一种承担。在恋爱中把责任看作“枷锁”不乐意承担的人，往往不是真正地爱一个人，只是需要对方而已。

（3）爱是尊重

恋爱中的双方是平等的，也应该是互相尊重的。这种尊重建立在相互理解的基础之上。人在爱情的世界里，需要理解对方并且尊重对方。具体说来，尊重就是要做到尊重对方的外在条件，尊重对方的心理感受，尊重对方的个人需求，尊重对方的自主选择，尊重对方存在的缺点和不足，尊重对方和自己的各种不同。恋爱中的人应该努力让彼此成长和发展，而不是剥夺，是让所爱之人能以他自己的方式成长，而不是为“我”服务。如果爱一个人，你应该接受他的本来面目，而不是强求他改变成自己的理想对象。

（4）爱是能力

对自己的生活、幸福、成长以及自由的肯定是以爱的能力为基础的。利己者没有能力关怀人、尊重人，也没有责任心去了解人，他们没有爱别人的能力。爱的能力不是与生俱来的，也非随着生理成熟自然形成的，而是在社会生活中逐渐发展起来的。这种能力包括施爱的能力、接受爱的能力与自我成长的能力。有人说："好男人是一所好学校，好女人也是一所好学校，由两性构成的学校促使男人与女人共同学习，共同进步。"爱的能力要求恋爱的人始终保持高度理性而非随着感觉走。

（5）爱是创造

有人说，爱情具有的魔力能够使人开创一个新的自我。爱情是神奇的，爱情不仅能够创造新的生命，而且真正的爱情对恋爱双方都是一个新的创造，它净化我们的灵魂，鼓舞着我们为挚爱的人奋斗进取，也创造着两人美好的明天。

2. 成分完整的爱情才会更幸福

爱情是幸福的源泉，但一段恋情不一定就能带来幸福。爱情的质量如何，是一个重要的因素。美国著名心理学家罗伯特·斯滕伯格（Robert Sternberg）提出了一个爱情的三元素理论。这个理论认为：爱情包括激情、亲密、承诺三种成分。能够带来幸福的爱情要同时具备这三个元素。其中，激情是爱情中的情欲成分，是情绪上的着迷，是由于他人的强有力的吸引，对他人产生的强烈的、着迷的想法。许多人感到有与对方形影不离、朝夕相处、谈话和发生性关系的欲望，在激情关系中的人们常常会全身心地投入，有时导致不计后果的行为。古往今来，那些动人的爱情故事无不表现出生生死死的激情，那些一见钟情的故事在实质上是身体的吸引。

亲密是指在爱情关系中能够引起的温暖体验，包括把自己的生活以坦诚、不设防的方式与对方共享，信任、耐心和容忍是重要的特性。一对伴侣真诚地喜欢发展他们自己的沟通风格，熟悉彼此不完美的、特别的性格，这些性格在初期强烈的激情之爱的吸引下很少被人注意到。在彼此不分的"我们"感的发展中，他们互相关心，善待对方，满足彼此的需要和欲望。尊重在真正的亲密关系中是重要的。亲密没有激情强烈，但能促进人们相互的亲近，让人们产生人际的温暖，它使得爱情得以天长地久。

承诺则与时间直接有关系，包括做出爱一个人的决定，并伴有强烈的维持长期爱情的愿望。感人的爱情不能缺少内心的表白和海誓山盟。在爱情关系中，双方生活在相互的、稳定的、持续的和确定的情感氛围中，努力巩固他们的联盟。他们是伴侣，他们互相尊重彼此的隐私，让伴侣融入自己的社会关系。在这种承诺关系中，信任和奉献常常挂在心中，他们从不利用他人的弱点，他们了解在日常生活中冲突在所难免，但并不觉得这会伤害他们的感情，遇到分歧，他们互相信任，通过协商解决分歧。

随着认识及相处方式的改变，上述三种成分将有所改变。因其中所组成元素的增减，爱情的三角形的外形与大小也会跟着改变。三角形的面积代表爱情的质与量，面积越大，三角形越大，爱情就越丰富。斯滕伯格进一步提出：三种成分组成了八种不同的爱情关系组合（见图 7-1）。

无爱型组合：爱情的三元素都不具备。

浪漫型组合：激情加亲密。

亲密型组合：有亲密，缺乏激情和承诺。

虚幻型组合：激情加承诺，缺乏亲密。

热恋型组合：有激情，没有亲密和承诺。

伴侣型组合：亲密加承诺，缺乏激情。

承诺型组合：有承诺，没有亲密和激情。

完满型组合：激情、亲密和承诺的结合。

毫无疑问，只有同时具备三元素，包含激情、承诺和亲密，我们才能看到爱情的庐山真面目。要找到并享受真正的爱情不是一朝一夕的事。许多人以为他们正在谈恋爱，但他们不知道那并不是爱情，充其量只是还没成熟的类爱情或者非爱情。

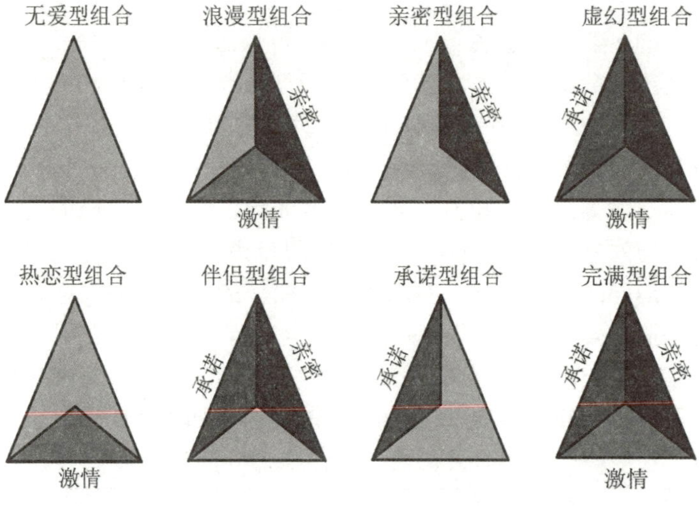

图 **7-1** 斯滕伯格的三元素理论对爱情关系的分类

3. 明确依恋类型让爱情更幸福

我们的大脑拥有一种生物学机制，也就是所说的“依恋系统”，涉及情绪、情感和行为，帮助我们与所爱的人永远厮守。这一系统能够解释孩子为何在离开母亲后变得歇斯底里，他们会疯狂寻找或者大哭大闹，行为失去控制，母亲回到身边后，他们则恢复平静。此外，这一系统同样能够解释成年人在恋爱和婚姻中的种种行为表现。我们都有依恋他人的需要，但表现不尽相同。20 世纪 60 年代进行的实验发现，婴儿分安全型、焦虑型和躲避型三种类型。如果安全型婴儿的母亲走出房间，他们就会哭，母亲回到房间后，他们便安静下来，继续玩玩具。焦虑型婴儿则表现出很哀伤，母亲回来后，他们会推开母亲，然后大哭。躲避型婴儿在母亲离开和返回房间时会表现出若无其事，好像什么都没有发生一样，但测试结果显示，他们的心跳次数、应激激素和皮质醇水平都呈升高趋势。

研究显示，成年人在恋爱中的行为与婴儿存在惊人的相似性。一个人的依恋类型取决于成长环境和步入成年后的经历，能够决定一个人在恋爱中的行为表现。总体上说，安全型的人喜欢彼此间的亲密行为，通常温柔多情。焦虑型的人渴望亲密，将全部精力都投入恋爱中，往往担心伴侣在恋爱交往中的互动能力，担心付出得不到回报。躲避型的人将亲密视为丧失独立性，喜欢与伴侣保持一段距离。

在依恋类型理论面前，你的行为以及伴侣的行为不再令人莫名其妙和复杂难懂，而是具有可预见性。以下是对三种依恋类型的介绍。

（1）安全型

安全型的人在恋爱中对伴侣满怀爱意，表现出温柔多情的一面。他们享受与伴侣之间的亲密，同时不会对恋情过分担心。他们能够有效表达自己的情感，很善于发现和了解伴侣的情绪变化。他们与伴侣分享自己的成功和所遇到的问题，在他们需要的时候，伴侣能够在他们身边提供帮助。安全型的人的特征包括以下这些。

①他们很善于化解矛盾，发生冲突时不会表现出进攻性，事后也不会惩罚伴侣，同时很快就把不快忘得干干净净。

②在心理上很具有柔韧性，愿意做出改变，满足伴侣的需要。

③喜欢毫不隐瞒地表达自己的感受，不喜欢藏着掖着。

④非常享受与伴侣间的亲密，享受性生活。

其他类型的人能够从安全型的人身上学到很多东西，但安全型的人采取的方式并不一定意味着恋情能够有一个完美的结局。如果长期容忍伴侣的坏习惯，把最终的裁决权交到伴侣手上，等待安全型的人的将是一段令人痛苦的恋情。

（2）焦虑型

焦虑型的人拥有与伴侣保持亲密关系的能力，但往往担心伴侣不会像希望的那样与自己保持亲密。这种类型的人在恋爱中消耗大量情感能量，他们对伴侣情绪的微小波动非常敏感，过于用自己的想法看待伴侣的行为。在无法听到伴侣的声音或者感觉另一半逐渐与自己疏远时，焦虑型的人往往会通过以下方式表达自己的忧虑情绪。

①在等待伴侣打来电话的同时，不停地打电话、发短信或者发邮件，在伴侣工作的地方附近徘徊，希望早一点儿见到他。

②伴侣回电话或者回家后，对他不理不睬，以示惩罚。在他开口讲话或者离开房间时，对他翻白眼，暗示自己并不在意。

③威胁要离开他，实际上却是希望他留下来。

④在伴侣面前谈论其他异性，让他感到嫉妒。

这是一种过度敏感的依恋类型。即使一个小小的暗示都会让焦虑型的人心神不安，很难平静下来，除非伴侣明确表示他们的爱恋关系很稳固，仍然深深地爱着自己。

（3）躲避型

在躲避型的人眼里，保持独立非常重要，对独立的重视程度往往超过彼此间的亲密。他们也希望与伴侣亲密，但过度亲密又让他们感到不舒服，往往选择与伴侣保持一定距离。他们不会总担心遭到拒绝，往往不会敞开心扉，导致伴侣经常抱怨彼此间的距离感。在恋爱交往中，躲避型的人对伴侣控制或者侵犯其独立性的行为保持高度警惕。无论是单身状态还是坠入爱河，躲避型的人都经常与对方保持一段距离。为了做到这一点，他们会采取一系列方式，其中包括以下这些行为。

①会说“我没做好和你在一起的准备”，但两个人实际上还是会在一起，这种状态有时能持续多年。

②很在意伴侣的缺点，如讲话方式，着装方面的品位，等等。

③分手之后会产生强烈的渴望，等待属于自己的那个人出现。

④与其他人调情，让自己的恋情产生不安全感。

⑤不会说“我爱你”，即使对对方非常有感觉。

⑥随着恋情的发展，他们会选择逃避，有时甚至不会赴约。

⑦会坠入不可能有结果的恋情，如喜欢上已婚男人。

⑧躲避身体上的亲密接触，如不喜欢睡在一张床上，不希望发生性关系，不喜欢并肩走，而是选择走在伴侣前面。

躲避型的人会选择这些方式让自己所爱的人不破坏自己的独立性，但这些方式也会阻碍恋情发展，使自己最终与属于自己的幸福失之交臂。

确定自己属于哪种依恋类型能够更好地了解自己在恋爱中的行为，进而让恋情更加甜蜜。我们没有必要为自己提出的各种要求感到歉意。在感情中容易激动并没有错，你可以坦白地对对方说：“我需要有人陪在我的身边，让我有一个依靠。”潜在伴侣的回答能够揭示出他在未来满足你这些需要的能力。如果你是焦虑型或者躲避型的人，有些事情是你不应该做的。如果现在坠入爱河，不要动不动就发脾气，伴侣没有及时回电话或者回家晚了，应该首先想想他们可能遇到什么抽不开身的事情，而不是上来就抱怨。

研究发现，躲避型和焦虑型的人往往互相吸引，但彼此的特征会进一步恶化，导致焦虑型的人陷入永无休止的焦虑旋涡，渴望与对方亲近，而躲避型的人则进一步选择疏远。这并不是说他们无法获得快乐，他们需要共同努力，增进彼此的感情。通常情况下，焦虑型与躲避型的人都能与安全型的人亲密交往。如果你是焦虑型的人，你最初可能会觉得安全型的人很令人厌烦，因为他们无法让你获得令人兴奋的情感上的起起落落，但交往一段时间后你会发现，与这种类型的人共同生活如同发现一座金矿。

如果你是躲避型的人，你需要学会依赖和信赖对方，让他们有机会发现自己的错误，而不是选择疏远。不要将曾经的伴侣完美化，也不要等待所谓的理想伴侣。只有这样，你才能与对方更亲密。安全型伴侣不需要你为他付出很多，你可以变得更独立。虽然我们能够从安全型的人身上学到很多东西，但这并不意味着与安全型的人交往不会出现问题。有时候，他们对焦虑或者疏远的行为过分宽容，不利于感情的发展。通常情况下，安全型的人能够对其他人产生神奇的影响，因为他们做的事情正是躲避型和焦虑型的人所希望做的。他们能够满足对方的需求，让他们感受到被爱的感觉和安全感。

4. 故事匹配的爱情才会更幸福

心理学家斯滕伯格认为，爱情在本质上不是分析性的，而是叙事性的。所以，理解一对情侣的思想和行为的最佳方法，是看他/她如何讲述关于爱情的故事，以及他们对于爱情理想的描绘。故事理论给世间情侣最大的启发在于，一段感情是否幸福，能否维持，在很大程度上取决于男女双方关于爱情的故事是否相匹配。斯滕伯格总结了 26 种故事。

①成瘾。焦虑症依恋，执着的行为表观，每当失去伴侣，就会感到焦虑。

②艺术。因伴侣富有吸引力的外表而坠入爱河；伴侣看起来总是状态良好是很重要的。

③商业关系。爱情关系如同商业关系，获得金钱是动力，处于亲密关系中的伴侣如同商业伙伴。

④收藏。 伴侣终究只被看作收藏品。

⑤食谱。 以特定方式（秘方）行动，爱情关系更容易相处，离开秘方，失败的可能性就会增加。

⑥幻想。 总是期待着被一个穿着金色盔甲的骑士所救，或者娶了一位公主，从此过着幸福的生活。

⑦游戏。 爱情是一种游戏或运动。

⑧园艺。 爱情关系需要持久不断的浇灌与抚育。

⑨政府。 独裁，一方支配或者控制另一方；民主，双方平等享有权力。

⑩历史。 爱情的关系事件形成持久的纪录，保存大量精神或物质方面的纪录。

⑪恐怖。 当你恐吓伴侣或伴侣恐吓你时，爱情关系变得有趣了。

⑫房子和家。 爱情关系的核心在于家，关系通过家的发展和维持而表现。

⑬幽默。 爱情是奇怪而又有趣的。

⑭神秘。 爱情是神秘的，你不应该让对方对自己过多了解。

⑮警察。 你需要密切注意伴侣不越雷池，或者处于伴侣的监督下，从而注意自己的所作所为。

⑯色情。 爱情是肮脏的，爱就要降低身份或被降低身份。

⑰复原。 存活者的心理状态，经过以往的创伤再回头看，一个人实际上能接受所有的事情。

⑱宗教信仰。 把爱情看作宗教信仰或者由宗教信仰驱使的一整套感觉和行为。

⑲牺牲。 爱就是奉献自己或一个人把他/她自己奉献给你。

⑳科学。 爱情能被理解、分析和解剖，就与其他自然现象一样。

㉑科幻小说。 感到伴侣就像外星人一样——不但不可思议，而且很奇怪。

㉒裁缝。 你让它是什么样的，爱情就是什么样的。

㉓戏剧。 爱情是剧本，拥有无创意的表演、布景和台词。

㉔旅行。 爱情是一场旅行。

㉕战争。 爱情是一系列破坏性的战争。

㉖学生—老师。 爱情是一种师徒关系。

斯滕伯格认为，同一个故事中的互补角色最容易相处，如童话故事中的公主与王子。 或者，两人的故事足够相似，可以融合成一个新的统一的故事。比如，一个童话故事与一个园艺故事可以融合，一方渴望被白马王子拯救，而另一方希望照顾一个人，精心培育一段感情。 一对恋人，彼此的故事不兼容，就像两个角色在同一个舞台上演出不同的剧目，表面看起来也许很相配，但一方渴望灰姑娘式的拯救（童话故事），另一方在投资回报率上纠结（商业故事），这样的爱情不可能走太远。 相反，一对争吵不休的夫妻可能在外人看来难以长久，却因为对于战斗的共同需求（他们都拥有一个关于“战斗”的爱情故事）而保持爱情历久弥新，白头到老。

所以，你想有一段幸福的感情，就要从理解自己的故事开始。你到底想讲述一个什么样的故事？故事的主题是什么？在过去所有的感情中，最吸引你的是什么样的人？那些你最终失去兴趣的人有什么样的特质？……然后，寻找那些与自己的故事相符合的人。当然，你也可以修改自己的故事，毕竟你是自己故事的作者。

5. 拥有爱的能力让爱情更幸福

弗洛姆：“爱是人的一种主动的能力，一种把人和其他同伴分离出围墙的能力，一种使人和他人相联合的能力，爱使人克服了孤独、分离和感觉，但他允许他成为他自己，允许他保持他的完整性。”这里爱的主动性包括关心、责任、尊重、认识。爱的能力指和他人建立亲密关系的能力，它对人一生的发展有着重要的意义。恋爱过程也是培养爱的能力的过程，特别是追求者一方，另外，遇到过挫折磨难的爱情经历会使人长大。

爱的能力有多个层面。

（1）识别爱的能力

在爱情当中，人们常常以为是爱才让自己和对方走在一起的，其实那当中可能掺杂了许多其他心理因素与物质因素，也许是为了虚荣，或为了满足征服的欲望；也许有现实的利益，或仅仅因为性。识别自己的内心世界的情感其实也需要勇气。有鉴别爱的能力的人，是一个自信且尊重别人的人；有鉴别爱的能力的人，会自然地与别人交往，主动扩展交往的范围，珍惜友谊，会尽量多地体验他人的感受。

（2）表达爱的能力

首先，表达爱需要勇气，需要信心；其次，表达爱需选用恰当的方式和语言；再次，表达爱是在表明爱一个人是幸福的，即使可能得不到回报；最后，表达爱也就意味着要承担责任。

（3）接受爱的能力

当别人抛过爱的绣球时，并不是所有人都有勇气接受。有的同学会因为对自己过低的评价，觉得自己不配拥有爱情；有的同学认为自己不值得爱而不敢接受爱情；当然还有的同学可能因为怕自己受到伤害而不敢去拥有爱情。说到此我们发现，其实人最需要的是自私。看自己能否有勇气接受爱情，很重要的一点是对自己的评价是否比较积极，是否有不管爱情成功与否的自信。

（4）拒绝爱的能力

其一，拒绝爱的能力首先表现为对他人的尊重，要感谢对方对自己的感情；其二，要态度明朗，表达清楚，即讲清和对方只能是什么样的关系，是同学还是一般朋友，或什么都不是；其三，行动与语言要一致。可能有些人怕使对方受到伤害，虽然语言上拒绝了对方，但行动上还是与对方有较亲密的接触，这样容易使对方误解，认为自己还有机会，仍纠缠于这段情感中。

（5）解决爱的冲突的能力

相爱的人之间发生冲突是很自然的事情，冲突一方面可能来自日常生活中的不一致或不协调，另一方面可能来自性格的差异。爱需要包容、理解、体谅。要会用建议性的方式去解决问题。沟通是非常有效的方式，恋人间需要有效的沟通，表达清楚自己的思想、感受。伤害性的争吵或者冷战都不利于问题的解决。

（6）面对失恋的心理承受力

失恋是人生中一个很大的挫折，考验的是人的耐受挫折的能力。要培养承受失去爱的能力，其一，要学习自私地看失恋。有些人可能把失恋看成人生的一个巨大的失败，是一种自尊心的强烈受损，那就必然会有强烈的负性情绪体验。其实，失恋只是一种选择的结果，一个人不选择自己不等于自我全面的失败，一无是处。每个人在爱的关系中心理需要不同，看重的关键点也就不同。每个人都有可爱的一面，只是每个人欣赏的角度不同。其二，在失恋中学习，把失恋作为一种人生的财富，并在失恋中变得更加成熟。其三，失恋给人再恋爱的机会。一次失恋不等于整个爱情生命的结束，人还会再恋爱，再体验美好的爱情，只要用心去体验，去学习和感受。

（7）保持爱情长久的能力

保持爱情长久的能力其实需要上面多种能力的综合。爱需要两个人真正地关心对方，走进对方的内心世界，以对方的快乐为自己的快乐。要保持爱情的常新，需要智慧、耐力、持之以恒及付出心血，同时要保持自己的个性，有自己的追求与发展（事业）。学习新的东西，善于交流，欣赏对方，是爱的重要源泉。

二 婚姻，建筑幸福的堡垒

苏格拉底与柏拉图的经典对话

柏拉图有一天问老师苏格拉底什么是爱情，苏格拉底让他到麦田走一次，要不回头地走，在途中要摘一穗最大、最好的麦穗，但只可以摘一次。柏拉图觉得很容易，充满信心地出去。谁知过了半天，他仍没有回来。最后，他垂头丧气地出现在老师跟前诉说空手而回的原因："很难得看见一穗看似不错的，却不知是不是最好的，因为只可以摘一次，不得已，只好放弃，再看看有没有更好的，到发现已经走到尽头时，才发觉手上一穗麦穗也没有。"这时，苏格拉底告诉他："这就是爱情。"

柏拉图有一天又问老师苏格拉底什么是婚姻，苏格拉底叫他到杉树林走一次，要不回头地走，在途中要取一棵最好、最适合用的树，但只可以取一次。柏拉图有了上回的教训，充满信心地出去。半天之后，他一身疲惫地拖了一棵看起来直挺、翠绿，却有点儿稀疏的杉树。苏格拉底问他："这就是最好的树吗?"柏拉图回答老师："因为只可以取一棵，好不容易看见一棵看似不错的，又发现时间、体力已经快不够用了，也不管是不是最好的，就拿回来了。"这时，苏格拉底告诉他："这就是婚姻。"

1. 婚姻是什么?

婚姻，古时又称"昏姻"或"昏因"。一般而言，婚姻一词的起源有以下的说法：汉朝的郑玄认为，婚姻指的是嫁娶之礼。在我国古代的婚礼中，男方通常在黄昏时到女方家迎亲，而女方随着男方出门。这种"男以昏时迎女，女因男而来"的习俗，就是"昏因"一词的起源。换句话说，婚姻是指男娶女嫁的过程。

婚姻泛指男女之间的结合，一方到另一方家落户成亲，形成人际亲属关系的社会结合或法律约束。根据观念和文化的不同，婚姻通常以一种亲密或性的表现形式被承认，以婚礼的方式来宣告成立。结婚的原因有很多，如法律、社会、情感、经济、精神和信仰的需要。通常，婚姻是组成家庭的基础和根据。

2. 婚姻的类型

（1）爱情型

它有两种类型，一类是由美貌与性吸引而导致的结合。这种类型潜伏着一种风险，美貌及性魅力会逐渐减退，假如婚姻缺少其他基础，或不能过渡到以双方人格相似性为基础的爱情，那么这种婚姻往往迟早会出现危机。另一类是人格型夫妻，是以人格的相似性或互补性为基础的结合。由于人格具有相对稳定性，不像体型、性魅力那样易变，这种结合一般能使婚姻平稳而幸福。

（2）功利型

此类型的婚姻是以爱情之外的出身、学历、财产、社会关系等条件为基础的结合。当双方收益与成本基本平衡时，婚姻能维持，双方感到满足。其风险是，如果双方收益与成本不平衡时，往往出现不满，导致危机。另外，由于夫妻关系的理性色彩浓厚，难以获得爱情享受，往往双方关系紧张时，一方寻找婚外情，从而导致关系破裂。

（3）平等合作与分工型

前者的夫妻双方平等分担家务，后者是双方根据各自特点，分工料理家务。这两种类型的共同点是，双方均进入自己的角色，又对对方有相应的期待，彼此都认识到双方在家庭中的价值，有较强的责任感，家庭生活较为和谐、稳定。

（4）建设型

这种类型的夫妻双方在共同目标下勤勤恳恳地生活和工作。他们有成家立业、教育子女等共同目标，并围绕这些目标密切合作，达到一个目标后又追求新的目标。他们在生活中勤奋肯干，能控制家庭消费；在共同努力中感受生活的意义，使婚姻维持与发展。他们可能遇到的问题是，精神生活不够丰富，当达到目标后，一方可能变得满足继而懒散，导致出现裂痕。

（5）懒惰型

这种类型的夫妻迅速对婚姻失去热情。他们不能发现需要解决的问题，不愿进行新的尝试，只希望按老样子生活，没有紧张、冲突，也没有乐趣。缺乏享受和乐趣会对婚姻有涣散作用。

（6）失望型

失望型夫妻在新婚时百般努力，力求建立美满的婚姻生活，对婚姻有很高的期待。但他们不久就发现，婚姻生活中有种种不满意，“现实不理想，理想不现实”，对方的表现也远非当初所料，因此感到失望。

（7）一体型

这种类型的夫妻在较长的共同生活中互相体贴、合作，在性格、爱好、习惯上彼此适应，融为一体。双方均把对方看成“自己”的一部分，相敬如宾、心心相印。此类型夫妻关系稳定、生活美满。不足之处是较为封闭，如果一方离去，另一方会寂寞难忍。

3. 婚姻的功能

（1）性爱功能

性爱功能是指婚姻为男女性爱提供了合法的形式和保障，夫妻双方通过婚姻结成稳定的夫妻关系，相互忠诚，彼此提供性服务。出轨、性功能障碍、性疲劳等都是对性爱功能的破坏。

（2）生育功能

生育功能是指夫妻双方通过婚姻关系组成家庭来实现繁衍后代、培养后代的功能。非婚也能“生”，但“育”有所欠缺，缺乏法律保障，单亲带大的孩子容易出现人格缺陷。不愿意生孩子或者因身体原因不能生孩子都会导致生育功能的缺失。

（3）经济功能

经济功能指婚姻能整合家庭经济（经济共同体），起到提高生活水平的功能。婚姻本身不产生经济价值，但两个人的经济能力比一个人的强，通过婚姻组成家庭后，某些消费可以减少或避免。经济联姻就是注重了婚姻的经济功能。夫妻任何一方偷懒不挣钱、盲目投资、超越消费能力的消费行为（乱花钱）都是对经济功能的破坏。

（4）教育功能

教育功能是指家庭成员间具有相互督促、共同提高、共同培养教育下一代的功能。家庭教育在人的一生中有着重要影响，学校教育和社会教育不能取代家庭教育。夫妻在孩子面前大吵大闹、对孩子放任自流、离婚等都是对教育功能的破坏。

（5）帮扶功能

帮扶功能是指家庭中无经济能力或生活不能自理的家庭成员依靠有能力的家庭成员帮助、扶持维持正常生活的功能。比如，夫妻一方生病或失业的时候，孩子还小或者父母丧失生活能力的时候，就需要其他家庭成员的帮扶。不赡养老人或抚养孩子，夫妻一方生病、失业时被遗弃或被忽视都是帮扶功能欠缺的表现。

（6）关系功能

关系功能是指婚姻能把原来不认识或者不熟悉的两个家族中的很多人变成“亲戚”，结成更稳定、更友善、更可靠的人际关系。政治联姻就是看中婚姻的关系功能。夫妻关系恶化会对联姻家族的人际关系带来不好的影响，夫妻关系良好则能获得更多的人际支持。对亲戚、朋友的冷落就是对关系功能的破坏。

爱情与婚姻

爱情需要激情，婚姻需要理性。爱情的冲动和激情最多维持 18 个月，而婚姻却让人们平静地生活几十年。

爱情可以当饭吃，婚姻需要有饭吃。爱情可以拿“浪漫”当饭吃，但婚姻每天都要面对柴米油盐。

爱情是两个人的事，婚姻还要涉及两个家庭。爱情只牵扯两个人，但是一张婚床上躺着六个及其以上的人。

爱情是艺术，婚姻是技术。谈恋爱时你可以是艺术家，可以充分发挥你的想象能力来制造浪漫；但是结婚时你就要处理各种技术问题：房子、车子、夫妻生活、双方父母的赡养、生孩子，等等。

4. 善于沟通的婚姻才幸福

如何才能使夫妻关系更加亲密，使二人世界充满爱和乐趣？ 美国著名的心理咨询专家诺曼·莱特经过研究认为，沟通是建立幸福婚姻的关键。

（1）法则一：耐心倾听

你应该对配偶本人表现出兴趣，问问对方今天的经历，看看她或他是否情绪不佳，这些都很重要。 这时候，你应该看着对方，认真听对方讲话，而不能一会儿瞥一下电视，一会儿看一眼报纸，显出心不在焉的样子。 这时你只需倾听，用不着替对方解决问题，除非对方要你这么做。

（2）法则二：随时随地表达爱意

夫妻恩爱不只在有了性渴望时才表示出来，而是体现在时时处处，这是一种积极的态度，值得高度赞赏。 有时，恩爱尽在不言中。 也许两个人只是依偎在一起，轻轻地抚摸对方；也许是肩并着肩看太阳落山，看余晖染红了云彩；也许是手牵着手在大路上走；也许是煞费苦心地悄悄做点儿只有配偶能察觉得到的事情。

如果配偶今天过得很不顺，你可以轻抚她的头或者给他揉揉肩，而不要刨根问底。 看到配偶如此善解人意，有求必应，你还会怀疑自己找错了对象吗？

（3）法则三：付出爱心与关怀

配偶不会跟你索要爱心和关怀，一切都出自你的主动和自觉。 表示关怀也许是打个电话问问对方是否需要你为之祈祷，也许是用不着提醒就记得配偶的生日或结婚纪念日。 令我惊讶的是，有那么多的丈夫记不住结婚纪念日，甚至妻子的生日，结果让妻子深感痛心。

（4）法则四：由衷地表达谢意

有没有听见配偶抱怨你不知好歹？ 你有没有明知对方是好意却还表现出一种不领情的态度？ 不要以为夫妻间就不需要感谢了。 感谢也是一种积极的态度。 你要不怕麻烦，发掘配偶所做的一点一滴，让对方知道你感谢他或她做的一切。 你还应该关注积极的感受，经常回味这些美好的感受，而尽量避免陷入一些不愉快的回忆当中（后面将会详述这一点）。 努力达成一致意见，对对方做事情的出发点表示感谢，这些都很重要。 感谢随着赞美而来，但是你要考虑好你欣赏的是这个人的所作所为，还是他或她本人。 我们很少肯定一个人的人品，而这样的肯定值得大加赞赏。

（5）法则五：同理心——安慰的妙招

当你发现配偶情绪不稳定时，如果能给予真切的关注，你们的关系会更加和谐亲密。 你也许帮不了什么忙，但是有这种愿望可能足以安慰对方。 表示歉意、不争辩，也是一种爱的表达。 当配偶向你诉苦时，一上来你就问他是怎么惹上麻烦的，告诉他你也曾遇上过类似的问题，然后教他如何处理，再不然就说个笑话逗他开心，这些做法都不可取。应该这样：搂着他，静静地听他说，对他表示理解，让他知道这些感受和行为都很正常，没什么了不得的。

同理心，就是一个人能够与另一个人的思想感情息息相通。你要通过配偶的眼光看待生活，从他的角度看待问题，感他所感。交流的时候，你选择有同理心、同情还是无情？同情是过分地陷入配偶的情绪之中，会使你变得不够坚强。无情是漠不关心。而移情是心心相印——在多数情况下，无须多言，你就能了解配偶的感受。通过眼神的交流，你就能体会对方此时此刻的心情。

（6）法则六：尊重伴侣的个性

接受你的配偶，让对方知道即使你对他的看法不敢苟同，你也会尊重他的意见。你会让他做他自己，而不强迫他变成你幻想中的那样。这不仅仅是容忍，还传达出这样的信息："你和我在很多地方是不同的。你就是你，我就是我，这样挺好。而一旦我们学会了相互弥补，成为一个整体，就会比单个人时更加强大。"帮助对方改变是不可避免的，但是关键在于改变的目的和方式。

（7）法则七：幽默的威力

诙谐幽默、开个玩笑，能使婚姻生活不至于过分严肃沉闷。有时你一个人偷着乐就行了，有时你可以和大家一起开怀大笑。有幽默感的人能拿自己开玩笑（虽然有时需要点儿勇气），能和对方一起开心。那些令人捧腹的场景有时会留在最美好的记忆之中，即使当时你的配偶并不认为有什么可笑之处。

（8）法则八：与喜乐的人同乐

分享喜悦是与笑口常开相关的一种积极态度。配偶高兴，你也跟着高兴，你有了开心的事也希望与对方一起分享。

（9）法则九：没有理所应当的付出

一种积极的态度就是从不自鸣得意，不把对方的付出认为是理所应当的。结婚多年的夫妻往往认为对方做什么都是理所应当的。最常见的想法包括——你会永远支持我，你会永远爱我，你能永远满足我的需要，你永远都不会变，我们会永远在一起。有这种想法的人就像生活在童话里，而非现实之中。他们很少能对日常生活中的幸福心存感激。长此以往，他们就会相信生活原本如此，对什么都认为是理所当然的，很少能说声谢谢。认为某人的付出是理所当然的，是对这个人的贬低，其中隐含的信息是，你对我没有多大的价值，同时你也剥夺了对方享受他人感激的权利。得到别人的爱与感激支撑着我们一天天生活下去。如果这种权利被长期剥夺，我们就会变得精神枯萎、心如死灰。也许人们会默默忍受，维持这种不幸的婚姻，但是这跟监狱中的囚犯又有什么两样！结婚时间一长，其中一方或双方逐渐产生这种想法，夫妻之间就形成了隔阂。时间越久，两人的心离得越远。其实，避免和消除隔阂的方法很简单，也真的很有效——

• 无论对什么事情都表示出感激之情，养成说“谢谢你”的习惯。

• 更加留意身边发生的事。

• 多一些付出和肯定

• 多做一些意味深长的平凡小事：送花给对方，在乡间小路上散步，躺在壁炉前聊天，为对方准备早餐，手拉手走在街上，在雨中漫步，给对方几张情深意长的幽默卡片，并非出于特殊原因地送对方一些小礼物。

幸福行动

练习一 爱的判断

1. 如何确定一个人喜欢你?

真正相爱的人可以听得见彼此心里的回声，但某些戴着玫瑰色眼镜的人有时却会产生爱的错觉。当一个人深深地倾慕某个异性时，会不自觉地把自己的情感投射到对方身上，以为对方也有同样的意思，这时的观察和试探都会带上主观色彩。例如，别人只是出于一般的礼节才同你交往，你却以为人家喜欢和你在一起；你不小心闯了祸，别人好心帮你善后，却成了在你看来献殷勤的行为……那么，如何判断一个异性确实喜欢你呢?

请你判断一下这些情况是否属实：

①对方经常找借口和你在一起，而且愿意待上很长时间。

②对方对你及你家里的情况很感兴趣，喜欢听你讲自己的喜怒哀乐和经历。

③对方对你细小的变化很敏感，如情绪的变化、发型的改变。

④对方有意向你提一些与爱情有关的问题，并试探你是否喜欢某个人。

⑤对方对你说的话都郑重地记在心上。

⑥对方在兴趣方面有同你接近的趋势。

⑦对方经常向别人打听你的情况。

⑧对方很乐意将你介绍给他的朋友、家人。

⑨对方不喜欢你和别的异性在一起。

⑩对方收到你爱的信息时，给予及时、明确的反馈。

如果你认为这些情况都属实的话，那么对方确实喜欢你，不过，由于实际生活要复杂得多，你有时还应该考虑一下对方的性格、社会背景等因素，以避免产生误会。

2. 如何确定自己真正喜欢某个人？

你是否已坠入爱河，爱上一个人了？ 若想知道，请回答以下问题：

①你是否想经常与他（她）在一起？

②当你们即将见面时，你是否显得特别兴奋？

③如果一段时间没有相遇，你是否若有所思？

④你是否特别希望引起对方的注意？

⑤当他（她）在说话或做事时，你是否会被深深地吸引过去，有时候甚至会意识不到周围还有其他人的存在？

⑥每次相聚后，你是否都会觉得心情格外舒畅，觉得生活比平时更加美好？

⑦你是否特别在意他（她）对你的评价？

⑧如果你遇到高兴的事，是否首先想与他（她）分享？

⑨当他（她）与其他异性谈笑风生时，你是否感到很不舒服？

⑩你是否觉得他（她）是你接触过的最完美的异性？

⑪你是否对他（她）的一切都很关心，并在有意无意中了解他（她）的爱好、经历等？

⑫你是否会为他（她）制造惊喜？

以上这些问题可作为你分析自己情感的主要参考。 如果你对这些问题的答案大多数是肯定的，那就说明你很可能就爱上他（她）了。

练习二　爱的表达与拒绝

目的：通过角色扮演，学习爱的表达方式，并学会拒绝自己不爱的人。

操作：这是一系列的角色扮演，包括如何表白，如何拒绝一个自己不爱的人，如何约会交谈等。 都是先由指导者做提示，再进行角色扮演，然后评价，讨论，交流。

1. 如何表白爱情？

指导者提示：表达爱的方式多种多样，可以有以下方式。

第一，用你的眼睛传达爱的信号。这是一种比较含蓄的方法，当对方注意到你的注视时，不要再逃避，镇定地、坦然地凝望着她，把你的爱意表现在眼睛里。

第二，以你的关爱行动来表示。用实际行动来表示对倾慕对象的关心、帮助和亲昵。例如，下雨天送雨伞，在她生病时前去看望，或者投其所好。

第三，用书信和写字条来传情。如果你无法用言语大胆地说出来，写下你爱的誓言也是很好的方法。

第四，送去代表相思之情的爱情信物，如红豆，有着心形相框的照片，亲手做的首饰、荷包，等等，让对方睹物思人，知道你的心思。最经典的表达方式就是送上一枝写着"我爱你"的红玫瑰。

请选择其中一种方式，或独创一种方式进行角色扮演，之后评论，交流。

2. 如何拒绝一个我不爱的人？

指导者提示：如何婉转而又坚定地拒绝一份不想要的感情确实是一件不容易的事。说"不"需要很大的勇气。在人际交往，尤其是密切交往的关系中，如果一方提出了某项请求是你不能接受也无法允诺的，尽管你十分想拒绝，但最后要说出"不"来，不是件容易的事，因为他是你在意的人，你并不想伤害他。但如果你一时心软，说了声"是"，则很可能在不久的将来既伤了自己，又伤了他，而且伤得更重。人的感情勉强不得，更何况这是一份揉不进一粒沙子的爱情。

不过，在拒绝之前，你一定要好好地问一下自己："我有没有真正弄清自己对他的感情？我是不是回答得太快了？我是不是还需要好好地想一想？"如果你确定不爱他，那么就坚持离开他，勇敢而温柔地说上一句："对不起！"爱是一份美好的感情，不论你是否想要，简单、粗暴乃至伤害性的拒绝是必须避免的："你可以拒绝一个爱你的人，但请你不要伤害一颗爱你的心！"

请考虑用一种方式进行拒绝爱的角色扮演，之后评论，交流。

3. 如何约会，建立和发展爱情？

指导者提示：如何建立感情、维系感情都不是一件简单的事。约会，也要动动脑子，要不断地变换约会的内容和形式。约会可有多种形式，如下所示。

消遣游玩：逛街、看电影、听音乐会、参观博物馆、游动物园、野餐、逛书店、看话剧、旅行、品尝不同风味的食品、看日落、钓鱼、在雨中散步、游公园、乘观光船游览……

运动：打网球、打羽毛球、放风筝、爬山、游泳、打乒乓球、跑步、练健身操、骑单车、玩保龄球……

社会服务：探访患病亲友、当图书馆义工、到社区当义工……

学习与进修：参加讲座、兴趣班、提高班、阅读书籍、听录音带、到图书馆去学习……

扩大社交圈子：参与朋友聚会、庆祝生日、参加集体活动……

增进交流，沟通思想：沟通双方对事物的看法，如学校生活、交友体验、恋爱婚姻、对金钱的看法、对前途与职业的看法、自己的理想、生活中的难忘事件、受挫折的经历……

进行约会交谈的角色扮演。

约会交谈要事先准备一些话题。第一阶段可以从一些无关紧要的、比较虚的小事谈起，如“今天的天气多好呀”之类的天气方面的话题，或者“今天车怎么还不来，车可真堵”之类的交通方面的话题。这类话题往往可以用作开场白。然后可以把话题引到一些中性的事情上，切忌涉及私生活、经济状况等深层的问题。中性的话题有很多，如谈报纸杂志上的流行趋势、当时比较轰动的新闻、热门的电影、电视节目、歌曲等公众性的话题。但要记住一点：有很多女孩子并不关心时事政治，所以男孩想谈政治新闻时一定要先确定女孩子对这方面的熟悉程度。谈校园内的大事、学业、校园生活等方面的事。谈双方都知道的人。谈业余爱好，对方喜欢什么，自己喜欢什么。如若能找到共同的兴趣，肯定就会有很多话要聊。谈喜欢的电影、歌曲、小说等。从身边的人或事谈起，逐步深入，双方产生共鸣，话题自然就会多起来。

角色扮演后讨论，交流。

超级链接

说起爱情，你必须知道的十个心理学事实

杰里米·迪安(Dr. Jeremy Dean)

“爱不在于互相凝视，而是一起往同一个方向眺望。”

——安托万·德圣埃克絮佩里

从最初互相吸引到一起慢慢变老，这里有十条所有情侣们都应知道的心理学事实。

一、对视只需五分之一秒

当你看到那个独一无二的人时，体内只需五分之一秒就会释放一种能引起精神亢奋的化学物质，并对大脑产生作用。

对恋爱时期的大脑图像的研究显示，其中有 12 个不同区域都参与活动。在想心爱的人时，这些区域就会在大脑里释放一系列神经递质，包括激素、多巴胺、加压素以及肾上腺素。大脑接收到爱的冲击时就如吸食了一小撮可卡因那样兴奋。

二、产生爱与欲望时的大脑图像

第一项关于爱和性欲之间神经活动差别的研究惊人地发现，两者区域存在重叠和区别。研究结果表明，一些明显相似的大脑网络都是被爱和性欲所激活的，被激活的区域与感情、动机以及较高层次的思维活动有关。爱建立在这些大脑回路上，但有一个在大脑皮层的重要区域是与众不同的，这块区域惯常被认为是用来协调高级功能与低级功能之间的平衡的。

三、接吻帮助我们选择

两项关于接吻的新研究发现，除了涉及性，接吻还能帮助人们选择伴侣并留住他们。一项调查表明，女性将接吻看得尤其重要，但有一些身份更为混杂并由两性共同组成的受访者将接吻看成一种检验新伴侣的重要方式。但接吻并不只在开始一段恋情时起重要的作用，它在维持感情的过程中仍很关键。研究者发现，拥有一段长恋情的情侣接吻的次数与他们感情的质量之间有关联，但此关联并未在性行为更多的情侣和对爱情满意度更高的情侣中体现出来。

四、伴侣一起生活 25 年后更有“夫妻相”

朝夕相处 25 年的夫妻在面部上可能会慢慢呈现出相似的特征。一项调查发现，拥有 25 年以上婚姻的夫妻面部特征会更像，一些没有参与调查研究的人也观察到了这一点。这可能是由于长时间在饮食、环境、性格方面的相似，甚至伴侣间的移情也发挥了作用。

五、异地恋可维持

与惯常思维相反，研究表明，异地恋也可维持。维持长久的异地恋，夫妻们要做到以下两点：分享给彼此更多亲密的消息；把另一半看得更理想化。

这样一来，和地理位置较近的情侣相比，异地恋的情侣通常也会有和他们相似水平上的爱情满意度和感情稳定性。

六、四个扼杀感情的行为

心理学教授约翰·哥特曼(John Gottman)研究感情超过40年，研究包括美满的感情和恶化的关系。在许多心理学研究中，为了发现哪些行为能预示夫妻们将来是否还能在一起，他用了几十年跟踪夫妻们的活动。

有四件事能将感情断送：反复批评；过多蔑视的表露，诸如讽刺；具有防御性；在交流完全无法进行时，把自己和伴侣阻隔起来。

七、现代婚姻需要自我满足感

一项新研究表明，这些年婚姻的面貌已经发生了翻天覆地的变化。这项研究的学者伊莱·芬克尔解释道：过去婚姻更多的是提供安全感、更坚固的支持，现在人们想从婚姻中获得自我满足感。比往常都要多的人期待婚姻更多地是一次可以做到自我满足和自我实现的旅程。令人失望的是，面对这些需求，夫妻们并没有投入足够的时间和精力来达成自我满足和自我实现。

八、一个小窍门就可以拯救一段婚姻

如果你的婚姻需要些温暖的关怀，不一定要接受特定治疗——只需一起看几部电影就可取得成效。一项进行了三年的新研究发现，通过观看情感片并事后讨论影片，离婚率就减少了一半以上。这项研究的领衔学者罗纳德·罗格(Ronald Logue)说："研究结果表明，丈夫和妻子能很充分地意识到在婚姻中他们可能做错或做对了什么，因此，你无须去教他们一大堆技巧来降低离婚率。你只需让他们反思他们最近的行为。"此外，观看五部电影就能带给我们长达三年的好处，这真是让人惊叹。

九、离婚后的感情状况

夫妻的感情即使在离婚后也并不会终止，尤其在有了孩子之后。一项研究发现，离婚后的感情状况会符合下面五种中的一种。

第一，夫妻关系完全解除，双亲之一(通常是父亲)在子女照料过程中缺席。

第二，夫妻成为完美搭档，继续保持好朋友的关系。

第三，夫妻保持互相合作的同事关系，双方关系继续发展，保持在一个良好的感情基础上。

第四，彼此尚有关联，但怒气冲冲，离婚后仍争吵不断。

第五，反目成仇，子女在争吵中被当成人质，最终成为婚姻的受害者。

十、微不足道的小事很重要

最后，尽管我们生活在一个高度商业化的社会里，爱情常被认为可以买卖，但值得铭记的是通常一些微不足道的小事却能改变现状。最近一项以超过4000名英国成年人为调查对象的研究发现，最简单的善意之举也通常是人们最欣赏的。为你的伴侣送杯茶到床上，倒次垃圾或夸赞他们的身体很好看，这些会比一盒巧克力或一束花有用得多(当然这些也不错)。

德国诗人兼小说家莱纳·玛利亚·里尔克(Rainer Maria Rilke)认为："只要意识到最亲密的人之间也存在无限拉长的距离，并且如果他们能爱上彼此间的距离，而这距离能让彼此看清对方在蓝天下的全部，携手并肩的美好生活才会继续下去。"

(资料来源：壹心理 http://www.xinli001.com/info/100013670,2017-12-20)

第八章

乐观人格助推幸福体验

一切的和谐与平衡，健康与健美，成功与幸福，都是由乐观与希望的向上心理产生与造成的。

——华盛顿

开启幸福

甲、乙二人分别行走在干热的沙漠里，且都迷了路，随身带的水早已喝完，干渴威胁着他们的生命。这时，甲在一个废墟里发现了一个水瓶，里面居然还有将近半瓶水。他喜出望外，认为这简直就是上苍的恩赐，有一口水就多一丝走出沙漠的希望，何况是半瓶水啊！他把这个水瓶揣在怀里，渴得不行的时候就用舌头舔一舔瓶口，于是，就靠着这半瓶水，他走出了沙漠。

再来说乙。在一个废弃的帐篷里，乙看到了一个水瓶，一阵狂喜，但发现瓶里的水并不满，只有半壶，失望与沮丧的心情立刻占领了他：这么一点水有什么用？他后悔自己怎么没有早一点来到这里呢，说不定就是满瓶的水了。他诅咒那个喝去了半瓶水的人，他怨老天爷不公，将自己逼到了这样的绝路……哀怨与绝望使他再没有一点力气站起来。他的结局可想而知。

同样在危急中找到半瓶水，甲看到的是还留在瓶子里的半瓶水带给他的希望，而乙看到的是瓶子里空了的那一半给他生命带来的威胁。假如是你，会怎么看这半瓶水？有人说："只有半瓶水。"也有人说："还有半瓶水！""只有"和"还有"只一字之差，到底有何区别？

这两种思考习惯带来不同的结果，值得我们深思！

（资料来源：沈士芳《假如你有半瓶水》）

幸福秘笈

通过上述故事我们可以发现，甲和乙对这个世界有着两种截然不同的看法，同样是危急中找到了半瓶水，甲看到的是还留在瓶子里的半瓶水带给他的希望，看到的是事物积极的一面。而乙看到的则是瓶子里空了的那一半给他生命带来的威胁，看到的是消极的一面。我们说甲是乐观者，乙是悲观者。那我们不禁要问，什么是乐观？什么是悲观？甲和乙的乐观与悲观的态度是怎样形成的？这种看待问题的方式是天生的，还是后天习得的？乐观对提升幸福有什么价值？既然乐观有利于解决问题，更有希望面对未来，我们是否可以改变悲观的想法？在接下来的内容中，我们将对上述问题一一进行阐述。

一　什么是乐观？

积极心理学兴起于20世纪末的美国，积极心理学家认为，心理学自从取得独立地位以后就面临三项主要使命：治疗人的精神或心理疾病，帮助人生活得更充实、幸福，发现并培养具有非凡才能的人。这三项使命在第二次世界大战以前均得到了心理学工作者同等程度的关注。但在第二次世界大战以后，心理学工作者却逐渐放弃了后两项任务而把注意力集中在了第一项任务上，由此形成了专门致力于纠正人生命中所存在的问题的科学，即消极心理学或病理心理学（pathology psychology）。在消极心理学的研究取向下，人格心理学在一段时间内过分关注了问题人格或人格形成的问题，如对代表压抑、侵犯、恐惧、生气、悲伤、悔恨、贪婪、自卑、怨恨、高傲、妄自尊大、自私和说谎等的消极人格特征研究过多；而对代表喜悦、快乐、乐观、和平、爱、希望、负责任、宁静、谦逊、仁慈、宽容、友谊、同情心、慷慨、真理、忠贞和幸福等的积极人格特征研究过少。进入21世纪后，积极心理学倡导心理学研究的积极取向，强调人的价值与人文关怀，为人格心理学研究的积极转型提供了契机。积极心理学认为，如果人格心理学仅仅是以帮助人们消除问题人格或人格中所存在的消极方面为中心，那么，即使当人所有的问题被消除后，人本身所具有的积极力量仍不可能得到自然的增长，这样的人也不可能成为一个完善的自我实现的人。

乐观是积极的人格特征研究中的热点。对于乐观，可以做如下定义：遍观世上人、事、物，皆觉快乐而自足的持久性心境，与“悲观”相对。

早期的一些心理学家如拉扎勒斯、贝克、泰勒、泰格（Lazarus，Beck，Taylor & Tiger，2000）等人认为乐观是人的一种天然本性，但塞利格曼、艾布拉姆森、彼得森（Seligman，Abramson & Peterson，2001）等人的研究表明，乐观主要还是后天形成的一种人格特质，它虽然在不同的人身上存在着不同的表现方式，但大部分人都可以通过学习而形成“习得性乐观”。彼得森认为乐观主要表现为起着一种中介调节的作用，乐观的积极效果主要表现为在认知水平上对外在真实事件做出的解释进行调节。他们在研究中发现：保持乐观的病人比悲观面对现实的病人，症状出现晚，活得也久。一个乐观的病人更可能积极接受治疗和获得社会支持，而以往学者普遍的观点就是乐观地看待自己的状况才是健康的。桑德拉·施耐德（Sandral Schneider）讨论了一种“现实的乐观”，认为“现实的乐观”与现实并不相互抵触，因此，原则上不会产生不现实的对于环境或事件的评价，而是使人能够做到乐观而又不自欺欺人。这些对乐观的研究使人们的生活更有意义和更加丰富多彩。

二 乐观从何处来？

当前，对乐观从何处来，存在两种截然不同的观点，一种观点认为乐观是一种人格特质，存着遗传基础；另一种观点则认为乐观是一种习惯性的解释风格，可以通过后天的学习而获得。

1. 天性论——气质性乐观

气质性乐观（dispositional optimism）最早由心理学家迈克尔·西契尔、查尔斯·卡弗（Michael Scheier，Charles Carver，1985）提出，他们对乐观的定义是：“相信好事而不是坏事将会发生”的稳定倾向，是对未来事件结果的一种积极的总体期望。这种期望具有跨时间和情境的一致性，是个体在社会化过程中发展起来的一种稳定的人格特质。该理论认为，乐观的人对未来的总体期望是积极的，他们倾向于认为好的事情比坏的事情更有可能发生；在面对困难时，他们会坚持追求其认为有价值的目标，采用有效的应对策略，不断调整自我状态，尽可能去实现目标。西契尔和卡弗认为乐观有着遗传基础，依据埃里克森（Erikson）的发展理论，乐观源自儿童早期经验中培养的信任以及对父母的安全依恋。

2. 学习论——乐观解释风格

塞利格曼是影响深远的著名行为心理学家。塞利格曼等人认为，乐观是一种习惯性的解释风格，即个体对成功或失败进行归因时表现出来的一种稳定倾向，而不是普遍的人格特质。解释风格可分为乐观解释风格（OES，Optimistic Explanatory Style）和悲观解释风格（PES，Pessimistic Explanatory Style）。

解释风格具有三个维度（见表 8-1）：第一，时间维度上的持久性——暂时性和永久性。悲观主义者相信发生在他身上的坏事、霉运是持久存在的，好运气只是暂时的。而乐观主义者将好运和希望看成是持久性的动因，相信厄运是暂时的。第二，空间维度上的普遍性——一般性和特定性。悲观主义者将失败看成是一般性的，当一件事情失败以后，很容易认为每一件事情都会失败。乐观主义者则将失败看成是特定性的，仅仅会在失败的事情上表现出无助感，但对生活的其他方面仍持乐观态度。同时，对好运的解释正好与霉运的解释相反。乐观主义者认为坏事情的发生有特定的原因，而好事情的发生会增强做其他事情的信心。第三，人格维度上的个性化——内在性和外在性。悲观主义者对不幸的事情内在化，对好运外在化。乐观主义者对自己满意的程度比悲观主义者高得多。

乐观的人把消极事件或体验归因于暂时性的、特定性的和外在的因素，如当前的环境等；悲观的人则把消极事件或体验归因于永久性的、一般性的和内部的因素，如个人的失败。所以乐观的人会说，考试没有考好是因为出错了题目，或考场空气不新鲜，所以不能集中注意力；悲观的人会说自己学习能力欠缺，专业课没有学好，或自己比较愚钝。

表 8-1　悲观解释风格与乐观解释风格的区别

维度 解释风格	时间维度 （暂时性和永久性）	空间维度 （一般性和特定性）	人格维度 （内在性和外在性）
悲观解释风格	认为坏事、霉运是持久存在的，好运气只是暂时的	将失败看成是一般性的，当一件事情失败以后，很容易认为每一件事情都会失败	将不幸的事情内在化，将好运外在化
乐观解释风格	认为好运是持久性的，厄运是暂时的	将失败看成是特定性的，仅仅会在失败的事情上表现出无助感，但对生活的其他方面仍持乐观态度	对自己满意的程度比悲观主义者高得多

上述两种理论从不同角度对乐观从何处而来做了详细的阐述，事实上，我们发现两种理论取向并非是对立和决裂的。天性论强调乐观是一种稳定的人格特质，而学习论以解释风格为切入点，强调乐观主义解释风格的认知功能。人格的核心包括个体的认知、情感和外在行为等多维特征。因此，从解释风格的视角解读个体的人格特质具有重要的补充价值。另外，由于二者在时间维度上的着眼点不同，气质性乐观注重个体对未来事件的总体期望，而乐观解释风格偏重对现在和过去事件的归因解释，因此只有实现两种取向的有机融合，才能更好地从全面的时间维度上系统理解乐观的价值。

三 悲观解释风格与习得性无助

塞利格曼等人认为，我们对能力和控制的知觉是从经验中习得的。他相信，当一个人控制特定事件的努力遭受多次失败后，他（或她）将停止这种尝试。如果这种情形出现得太过频繁，这个人就会把这种控制缺失的知觉泛化到所有的情境中，甚至泛化到实际上能控制的情境中。于是，他（或她）开始感到自己像一颗“命运的棋子”任人摆布，无助而抑郁。塞利格曼把这种抑郁的产生原因称为“习得性无助”。习得性无助是一个放弃的反应，是源自“无论你怎么努力都于事无补”的想法和行为。解释风格是人对为什么这件事会这样发生的习惯性解释方式。它是习得性无助的调节器：乐观解释风格可以阻止习得性无助，而悲观解释风格可以散播习得性无助。塞利格曼在宾夕法尼亚大学以狗为被试，通过一系列的经典实验，发展了他的理论。

他在三个地板充电的房间里，将实验狗分为三组。第一组狗可以通过自己的努力来逃避电击。它们只要用鼻子去推墙上的一块板就可以停止电击，因此这一组狗是有控制力的。第二组狗所受的电击与第一组狗所承受的电击强度和次数相同，但是第二组狗无论做什么都无法让电击停止。第三组狗是控制组，不接受任何电击。在三组狗都经过了上述程序后，实验者将所有的狗放进一个可以穿梭往返的箱子，箱子边上有着很矮的栏杆，接着开始进行轻微电击。第一组狗（曾经被电，但学会了操纵开关停止电流的狗）和第三组狗（没有被电击过的狗）很快地跳出了栏杆，而第二组狗（无法停止遭受电击的狗）则无动于衷，它们只是在原地哀号，这些狗就是习得性无助的受害者。

习得性无助的狗在经历过多次消极体验之后，会感到对于一切都无能为力，丧失信心，陷入一种无助的心理状态。那么，狗的习得性无助反应是否会表现在人类个体中？

1971 年，俄勒冈州立大学的一位日裔美籍研究生，30 岁的 Donald Hiroto 在塞利格曼的指导下，完成了一个类似的实验。他将参与实验的人分为三组，其中在一组被试被带入一个房间后，把音响的声音开得非常大，让他们想办法把声音关掉。他们试着按控制面板上的各种按钮，但声音依然如故。没有任何方法可以把声音关掉。另一组被试则是只要按对了控制按钮的排列组合，就可以把声音关掉。最后一组被试则没有受声音的干扰。经过上述程序后，再将被试带到另一个房间，房间里有一个实验箱，当被试把手放在实验箱的一边时，就会有很难听的声音传出来，把手移到另一边时，这个声音就停止了。结果在先前实验里可以关掉声音以及在控制组的人，都很容易就学会了关掉声音的方法。而无法关掉声音的这一组则坐在实验箱旁边不采取行动，宁可忍受难听的声音。

这个实验证明了人非常容易陷入习得性无助。所以当我们失败或无助时，我们经常会选择放弃，甚至感到绝望。但在塞利格曼研究团队后来的实验操作中，他们制造了许多无助的情境，同时发现每 3 个人中就有 1 个人不会变得无助，不管什么样的事情发生在他们身上，他们都不会选择放弃。谁很容易放弃？谁又从来不会放弃？很容易放弃的人会认为“都是我不好，我注定一辈子倒霉，做什么都没有用”。而从不放弃的人则拒绝向命运低头，他们说：“这只是环境使然，厄运很快就会过去，生命中还有许多东西比这件事更重要。”你对厄运的解释习惯和你的解释风格，不仅仅是你在失败时嘴里说出来的话，而是一种习惯性的思维方式，是你在童年期或青少年期养成的。

一个人之所以乐观，主要是因为学会了把消极事件、消极体验以及个体面临的挫折或失败等归因于暂时的、外部的和特殊的因素，这些因素不具有普遍的价值意义。与此相反，一个人之所以悲观，是因为其习惯将消极事件做如下归因：第一，是永久性的，而非暂时性的（时时都这样）；第二，是自己的因素，而非情境因素（都是我的错）；第三，是普遍性的，而非个别性的（事事都如此）。如此，人将变得不作为、悲观和消极。

当悲观、消沉的时候，我们会经历一个轻微的心理失常状态——抑郁。抑郁是悲观的放大，而了解了悲观，就可以帮助我们了解它的放大形态——抑郁症。

我们在失败时都会感到暂时的无助，但有些人可以立刻振作起来，而有些人则有几个星期，甚至是几个月之后还是垂头丧气的。如果这个失败的人是一个悲观者，习得性无助会转变成严重的抑郁症；而对一个乐观者来说，失败只会造成其暂时的沮丧。悲观会引起抑郁症吗？塞利格曼在宾夕法尼亚大学的研究小组曾把有关解释风格的问卷发给了几千名轻重程度不同的抑郁症患者，问他们对好、坏事情的看法。结果发现，有抑郁症的人同时也是悲观的人。但这并不表示悲观会引起抑郁症，它只表示有抑郁症的人同时也是悲观者而已。这种相关不代表因果关系，因为也有可能是其他因素引起了悲观和抑郁。要证明悲观引发抑郁，我们需要一组本来没有抑郁症的人，证实在经过天灾人祸后，悲观者比乐观者更容易抑郁。但考虑到在自然情境中做这种“自然实验”会有道德伦理上和经费上的困难，因此我们可以在生活中来找这种“自然灾害”。

第一个常见的实验情境就是大学生一学期要进行的两次考试。在他们 9 月份开学时，先用问卷测试他们的悲观程度和他们的解释风格。10 月份快要期中考试时，实验者问学生，你们认为考多少分算是失败？大多数学生回答说 B＋就算考砸了。B＋的预期对实验没有影响，因为研究者所教授课程的平均成绩是 C，所以大多数学生都会成为实验的被试。在期中考试成绩出来后，发考卷的同时，也发了一份贝克的抑郁问卷。结果有 30%成绩在 B+以下的学生变得非常抑郁，30%在 9 月测试中表现为悲观的学生也变得很抑郁，而 70%既悲观又考得不好的学生变得很抑郁。研究表明，认为考不好是由于永久性和普遍性的原因的学生，到期末考试时依然抑郁。

另一个适合“自然实验”的地方是监狱。研究者测量男性犯人在进监狱前和进监狱后的抑郁程度。在监狱，犯人自杀现象非常普遍，研究者想预测一下哪种人最容易变得抑郁而有自杀倾向。结果惊奇地发现，在刚进监狱时没有一个人是严重抑郁的，但是到他们出狱时，那些进来时很悲观的人变得最抑郁。也就是说，悲观是抑郁症生长的肥沃土壤，特别是当环境不友善时，它生长得特别快。

当然，悲观不是产生抑郁症的唯一原因，基因、大灾难、激素的改变都会增加人们得抑郁症的概率。但不可否认，悲观是抑郁症的一个很重要的原因。

四 乐观对提升幸福有什么价值?

1. 乐观与个体的身体和心理健康密切相关

施魏策尔（Schweizer，2001）等人的研究结果表明，个人乐观程度与生活满意度呈显著正相关，和抑郁呈显著负相关。生活满意度和抑郁是测量心理健康的最基本的组成部分，所以，乐观是心理健康最重要的预测变量。在压力情境下，乐观者比悲观者就工作而言表现得更好，因为乐观者和悲观者采用了不同的策略来应对他们所面临的问题，乐观者采用积极的应对策略，而悲观者更可能采用分心和否认的策略。格雷戈里、哈切特（Gregory & Hatchett，2004）的研究结果表明，乐观与任务定向的应对方式、社会支持存在显著正相关；与情绪定向的应对方式，转移，逃避等应对方式存在显著的负相关。朱利安、温（Juliani & Wing，1998）对我国香港地区下岗妇女的调查研究表明，乐观是一种应对失业危机的重要个人资源，高乐观的妇女比低乐观的妇女能更好地把自己与失业问题分离开来，生活得更好。苏姗娜（Suzanne，2003）等人验证了乐观对免疫系统的影响是符合情感模型还是支持模型。其中，情感模型认为，乐观者积极的情绪和自信心有助于心理康复，除非应对方式不能获得即时成功；支持模型认为，乐观者应对策略的有效性增强了对心理调适和身体康复的期望，虽然短期内需要付出一定的心理代价，但仍坚持对目标的追求，乐观与人格特征中的尽责性密切相关，从而支持了支持模型。

2. 乐观有利于人际关系的融洽和睦

乐观者常采用积极方式评价他人和社会，生活态度积极，富有生活热情，能给人带来欢乐和喜悦，对人宽容，善于接纳他人，肯定他人。因此，人们都喜欢与乐观的人打交道。研究表明，乐观与夫妻关系的积极评价得分存在显著相关，并对长期的婚姻满意度有预测作用。

3. 乐观对健康有益

乐观影响健康的第一个方式就是防止无助的发生，进而促使免疫系统强健有力。这个结论来自维辛坦娜（Visintainer）的研究报告。她用三组老鼠做被试：第一组给予轻微电击，但它们可以逃走；第二组给予同样的电击，但逃不掉；第三组则没有任何电击。在开始电击的前一天，她先移植了一些癌细胞到老鼠的肚子里，这种癌细胞如果没被身体的免疫系统消灭掉，最终会是致命的。维辛坦娜移植的癌细胞量正好，在正常的情况下，有50%的老鼠会患上癌症，50%的老鼠因其免疫系统会杀死这些细胞而不会患上癌症。维辛坦娜在实验室里精密地设计和实施了她的整个实验，每一个变量都得到了控制：电击的强度和次数、食物、居住环境，以及癌细胞的数量。唯一不同的是三组老鼠的心理状态。一个月后，第三组没有接受任何电击的老鼠死了50%；有控制感的一组老鼠的70%都成功战胜了癌症；而无助组的老鼠只有27%战胜了癌症，并且有无助感的老鼠比较容易患癌症。这个发现很快被更多更详细的免疫系统研究证实。免疫系统中有一种名为T细胞的细胞，它可以辨识入侵者，如麻疹病毒，然后快速地繁殖自己，进而将这些入侵者消灭掉。另一种天然杀手细胞（NK细胞）可以扑杀它们遇见的任何入侵异物。研究者在无助老鼠身上发现，它们的免疫系统功能减弱了。无助老鼠血液里的T细胞不再快速地繁殖，脾脏内的NK细胞也失去了它们杀死入侵者的能力。这些研究显示，习得性无助不只是影响行为，它还深入细胞的层次，使免疫系统变得被动。这对解释风格来说又有什么特殊意义呢？解释风格是习得性无助的核心。乐观者可以抗拒无助，当他们失败时，他们不容易变得抑郁，也不会轻易放弃。而无助经验越少，免疫系统越强健。

乐观增进健康的第二个方式是使人维持良好的健康习惯，有病及时寻医问药。悲观的人认为生病是永久的、普遍的和人格化的。他会认为：“我怎么做都没用。”“那又何必多此一举？”在一个对100名哈佛大学毕业生、为期35年的长期追踪研究中发现，悲观者比乐观者更不容易改掉抽烟的习惯，更容易生病。乐观者习惯掌握自己的命运，会采取行动来防治疾病。

乐观促进健康的第三个方式是减少坏事件发生的次数。有研究显示，一个人在某一段时间内遇到的坏事越多，越容易生病。例如，在 6 个月内经历搬迁、被解雇和离婚的人的患病的概率最高，甚至得心脏病和癌症的比例也比一般人高。所以即使你自己觉得很好，没事，你还是应该在换工作、退休、离婚或亲人死亡时，特别注意你的身体。丧偶的人在头 6 个月的死亡率比平常高出好几倍，所以如果你的母亲去世了，你一定要让你的父亲去做一个彻底的体检。你可能会想，谁会碰到较多的不幸事件呢？答案是悲观的人。因为他们比较被动，较少主动采取行动来避免不好的事，而且在事情发生之后也较少采取行动来终止这些事，所以悲观的人发生不幸事件的概率就比一般人高，而如果不幸事件容易导致疾病的话，悲观的人也就较容易生病了。

最后，乐观之所以可以促进健康还在于社会支持。拥有一份深厚的友谊和爱情似乎对身体健康很重要。一个中年人如果有一个好朋友，遇到问题时，即使是在半夜也可以打电话去谈心，那么他的健康状况会比没朋友的人好很多。即使只是一般的朋友，他们也会对抵抗疾病有所助益。同时，没结婚的人患抑郁症的比率要比结了婚的人高。悲观者在遇到挫折时比较被动，他们很少去寻求社会支持。社会支持与疾病之间的联系提供了乐观解释风格可以增进健康的第四个理由。

4. 乐观奠定成功的事业

塞利格曼认为，成功的人除了具备能力和动机之外，还需要坚持，遇到挫折也绝不放弃的坚持，而乐观的解释风格则是坚持的灵魂。1985 年，曾经是美国保险业龙头的大都会保险公司，为了夺回以前的市场地位，希望引进新的筛选和培训方法招聘业务员 2000 名，有 15000 名应征大都会保险公司的保险员。在所有的应聘者都接受了归因风格测验和职业剖析测验后，最终录用了两组人员：录用了一组 1000 名在职业剖析测验中表现非常优秀的人，意在观察乐观者会不会比悲观者业绩好；还录用了一组归因风格测验分数高，而职业剖析测验分数为 9～11 分、没有达到 12 分标准的新员工 129 名。这批人在旧有的筛选制度下是根本不予考虑的。结果：在第一年里，在用传统方法录用进来的人中，乐观者比悲观者表现得好，不过销售成绩差距不大，只有 8%。但到了第二年，乐观者比悲观者多卖了 31%的保险。用特别方法录用进来的业务员销售成绩表现很好，他们比用传统方法录用进来的悲观组在第一年就好 21%，到了第二年，差距增大到 57%。他们甚至比用传统方法录用进来的 1000 人的头两年平均销售业绩还多 27%。为什么乐观组的一直在进步？研究者的答案就是，乐观造成了坚持。一开始，能力、动机跟坚持一样重要，但时间一久，被拒绝得越来越多时，坚持就变得比能力和动机更重要了。归因风格测验跟职业剖析测验一样可以准确地预测出销售成绩。

五 乐观受哪些因素影响？

既然乐观可以带来这么多好处，为什么并不是每个人都是乐观的？ 影响乐观的因素有哪些呢？

首先，与先天的生物遗传因素有关，一个人天生的遗传基因为其提供了一个乐观基准线。 已有的研究发现，同卵双生子的乐观解释风格有显著的相关，异卵双生子则相关不显著；亲子之间气质性乐观的遗传性可能是 25%。 由此可见，乐观的父母常有乐观的孩子。

其次，个体作为社会中的一个成员，其各方面的发展会受到周围生活环境的影响，乐观作为一种心理品质也会受到个体家庭、学校、社会环境等的影响。 家庭是儿童生活的一个主要场所，家庭中父母的自身因素和养育方式等的不同会对儿童乐观心理品质的发展产生不同的影响。 父母的心理健康水平、文化程度，父母期望塑造的角色类型，以及父母对乐观的鼓励和奖励程度，会影响到儿童乐观的发展。 乐观的人更多来自父母双方都没有抑郁的家庭，乐观的父母是孩子的榜样，更容易让孩子学习如何把成功归因于内部的、普遍的和稳定的因素，把失败归因于外部的、特殊的、暂时的因素，从而养成乐观解释风格。 另外，父母的教养方式会影响儿童乐观的发展，有研究表明父母接受/参与的教养方式对儿童的乐观主义有影响。 D. R. 鲍德温（Baldwin）的研究表明，家庭教养方式同青年期乐观水平存在着相关，具体表现为权威型教养方式同青年期高水平的乐观呈显著的正相关，而专制型的教养方式则不存在这种正相关。 这些研究在一定程度上说明了儿童的乐观发展情况受父母教养方式的影响，权威型的教养方式有利于儿童乐观心理品质的培养。 学校对儿童乐观心理品质的塑造和发展有很大的影响，学校的文化氛围、班级环境、教师的教育风格以及儿童结成的各种同伴关系等会影响到儿童乐观心理的发展。 良好的同伴关系能够为儿童提供一种积极的社会支持关系，且易使儿童在互动中学习到解决问题的积极应对策略，而不良的同伴关系会使儿童变得悲观、退缩、孤僻。在学校里，除了同伴的影响，教师作为儿童成长过程中的重要引路人，其教育态度、风格等对儿童乐观解释风格的形成也有重要影响。 德韦克（Dweck，1999）的研究表明，教师的教育方式，特别是反馈方式对儿童的解释风格影响很大，教师经常性的表扬对儿童乐观解释风格的形成有积极作用，因此教师要注意恰当的教育方式。 同时，不断提高教师自身的文化道德修养、与儿童建立积极的师生关系、为儿童创造积极乐观的学习生活环境，这些都有助于促进儿童乐观心理的发展。

社会作为个体生活的一个大环境，对儿童心理的发展有着潜移默化的作用。处在和平、友爱、积极向上的社会环境中，儿童更易向乐观型人格发展，而处于动乱、贫困、疏离环境中的儿童乐观水平相对较低。随着科技的迅速发展，各种社会媒体不断涌现，研究发现，大肆渲染暴力事件易使儿童形成消极悲观的心理，因此，为了儿童健康心理的发展要积极营造良好的社会环境。

最后，个体自身因素也会影响乐观的品质形成。有研究发现，自我概念对儿童的乐观主义、悲观主义有一定影响。此外，个体自身的生活经历也是影响个体乐观心理品质的一个很重要的因素，尤其是儿童在生活过程中受到的心理创伤对其解释风格的影响很大。例如，经历过父母离婚、死亡，受过暴力侵害等的儿童易形成悲观型解释风格；个体乐观心理品质的发展还受到儿童自身成功、失败经验的影响。由此可见，儿童时期的经历对个体今后的发展有明显的影响。

综上所述，儿童乐观心理品质的发展除了受生物遗传因素的影响外，更多地受到环境因素、自身因素以及环境和生物学因素交互作用的影响。了解影响乐观心理品质形成和发展的因素，将有利于教育者采取积极恰当的教育方式来培养儿童，从而有助于发展儿童良好的个性、促进其自我的完善以及生活质量的提高。

幸福行动

练习一 转移注意力

想办法转移自己的注意力，去想些别的事，这是停止悲观思维的一个简单有效的方法。许多人都用类似的方法停止或中断他们习惯性的悲观思维。有的人大声摇铃；有的人随身带一张写有“stop”（停止）的卡片；有的人在手腕上戴一条橡皮筋，当他们开始悲观地胡思乱想时，就用橡皮筋弹自己。

练习二 翻墙游戏

我们每个人的内心或许都有“高墙”，使你放弃所有努力的那堵“高墙”。超越那堵墙，才能获得成功。这是一种内部对话，目的在于为不幸事件找出一个同样有利的乐观解释。这是帮助人们从悲观解释风格向乐观解释风格转变的方法和程序，即通过归因的改变来改变一个人的解释风格。依据这些程序，参与者学习如何控制和分析情绪变化的情境，然后修正他们的悲观信念，从而使自己的解释更乐观。例如，教师可能要面对的“高墙”就是那些颓废、无动于衷的学生。你会觉得不管你怎么努力，不管在教学上怎么有创意，这些学生还是不想学习。你很讨厌那种感觉，好像你在把知识强加给他们。这使你越来越难在教学上创新，因为你心里总是在想“反正也没用”。

现在请你找出你每天工作或学习或生活中的“高墙”，然后仔细倾听你对自己说了什么，花一点时间记录下这些不好的事、你的想法以及后来的情形（即 ABCDE 练习）。

不好的事：

想法：

后果：

反驳：

激发：

举例来说：

A 事件：朋友不打电话给我。

B 信念：他不再在乎我们的友谊，因为与我相处时心情经常比较烦闷。

C 结果：我的心情变得非常糟糕。

D 辩论：第一，寻找证据。可以找出他在意这份友谊的证据，如过去一年中我们每周见面一次。第二，可选择性。他可能在想其他的事情，也可能正面临某种危机。第三，隐含意义。就算他不再在意这份友谊，那也不是灾难，我还有其他朋友，可以继续生存。第四，有用吗？如果认为他因为某些暂时性事情如危机，而不是因为我的某些消极个人品质，而不打电话给我，这样想是否有用？

E 效果：我现在感到更快乐一些，抑郁少一些。

可以和好朋友一起来训练你的辩论技巧，告诉他消极事件发生的情境，帮助你找出你的悲观解释和信念，与他进行辩论，检测消极信念的依据，找出可供选择的乐观解释，如果悲观观点看起来是正确的，检查它的真实性而不是灾难性的后果，评估乐观和悲观信念的有效性。

练习三 测测你有多乐观

指导语：请仔细阅读有关每一种情境的描写，并想象你在那个情境下的想法。 有的情境你可能从来没有经历过，也可能两个答案都不适合你，这都没有关系，选出一个最符合你的即可。 还请注意，不要选你认为“应该”的说法或是对别人来说比较可接受的选项。 每道题都是单选题。

1. 你所负责的项目非常成功。

A. 我对下属监督很严。

B. 每一个人都花了很多心血在上面。

2. 你和配偶（男/女朋友）在吵完架后和解了。

A. 我通常是个宽宏大量的人。

B. 我原谅了他（她）。

3. 我在开车去朋友家的路上迷路了。

A. 我错过了一个路口没转弯。

B. 我朋友给我指路时说得不清楚。

4. 你的配偶（男/女朋友）出乎意料地买了一件礼物给你。

A. 我请他（她）出去吃了顿大餐。

B. 他（她）加薪了。

5. 你忘记了配偶（男/女朋友）的生日。

A. 我不擅长记生日。

B. 我太忙了。

6. 神秘的爱慕者送了你一束花。

A. 我的人缘很好。

B. 我对他很有吸引力。

7. 你当选了社区的民意代表。

A. 我做任何事都全力以赴。

B. 我花了很多时间和精力在竞选上。

8. 你忘了一个很重要的约会。

A. 我的记性有时真是糟糕。

B. 我有时会忘记去看记事本上的约会记录。

9. 你竞选民意代表，结果落选了。

A. 我的竞选宣传不够。

B. 我的对手人脉比较广。

10. 你成功地主持了一个宴会。
A. 我是一个好主持人。
B. 我那晚真是风度翩翩。
11. 你及时报警，阻止了一起犯罪事件。
A. 我那天很警觉。
B. 我听到奇怪的声音，觉得不对劲。
12. 你这一年都很健康。
A. 我很注意我的饮食，而且每天都保证足够的休息时间。
B. 我周围的人几乎都不曾生病，所以我没被传染。
13. 你因为借书逾期未还而被图书馆罚款。
A. 我看得太入迷，忘记该什么时候还。
B. 我忙着写报告，忘记去还书了。
14. 你买卖股票赚了不少钱。
A. 我的经纪人是一流的投资人才。
B. 我的经纪人决定冒险试试新股票。
15. 你赢得了一项运动比赛。
A. 我训练很刻苦。
B. 我所向无敌。
16. 你考试不及格。
A. 我不像其他考生那么聪明。
B. 我准备得不充分。
17. 你特地为你的朋友烧了一道菜，而他连尝都没尝。
A. 我不是个好厨师。
B. 我今天准备得太匆忙。
18. 你输掉了一场准备已久的比赛。
A. 我不是一个优秀的运动员。
B. 我不擅长那项运动。
19. 你的汽车在深夜的街道上没了汽油。
A. 我没有事先检查一下油箱里还有多少油。
B. 油量计表坏了。
20. 你对朋友发了一顿脾气。
A. 他总是烦我。
B. 他今天情绪不好。
21. 你因未申报所得税而被罚款。
A. 我总是拖延报税。

B. 我今年很懒散，不想报税。
22. 你想与某人约会，但被拒绝了。
A. 我那天状态非常糟。
B. 我去约他时，紧张得说不出话来。
23. 一个现场节目的主持人从众多的观众中挑出你上台参加节目。
A. 我表现得最热情。
B. 我坐的位置很容易被选上。
24. 在舞会上，常有人请你跳舞。
A. 我在舞会上很活跃。
B. 那晚我表现得很完美。
25. 你为配偶（男/女朋友）买了一件礼物，而他（她）并不喜欢。
A. 我没有好好花心思去想应该买什么。
B. 他（她）是个很挑剔的人。
26. 你在应聘工作的面试上表现很好。
A. 我很会面试。
B. 面试时我很自信。
27. 你说了一个笑话，每个人都捧腹大笑。
A. 我的笑话说得很是时候。
B. 这个笑话很好笑。
28. 你的老板没有给你足够时间去完成那项工作，但你还是按时完工了。
A. 我是一个很有效率的人。
B. 我对我的工作很在行。
29. 你最近觉得很疲倦。
A. 我从来都没有机会休息一下。
B. 这个星期我特别忙。
30. 你邀请某人跳舞，但他拒绝了你。
A. 我不擅长跳舞。
B. 他不喜欢跳舞。
31. 你救了一个差点噎死的人。
A. 我知道在危机时刻该如何处理。
B. 我会这种急救技巧。
32. 你的热恋情侣想要冷却一阵子你们的感情。
A. 我太自我中心了。
B. 我冷落了他，花在他身上的时间不够。

33. 一个朋友说了一些使你伤心的话。
A. 他说话总是不经过大脑，脱口而出。
B. 他今天心情不好，把气出在我身上。
34. 你的老板来找你，要你给他些建议。
A. 我很会提出有用的建议。
B. 我是这个领域的专家。
35. 一个朋友感谢你帮助他度过了一段困难时光。
A. 我关心朋友。
B. 我很乐意协助朋友渡过难关。
36. 你在聚会上玩得很痛快。
A. 我很友善。
B. 每个人都很友善。
37. 你的医生说你的身体健康状况很好。
A. 我非常在意健康。
B. 我坚持运动。
38. 你的配偶（男/女朋友）带你去过一个浪漫的周末。
A. 他（她）喜欢去探索新的地方。
B. 他（她）需要休息几天。
39. 你的医生说你吃了太多的甜食。
A. 我对饮食不太注意。
B. 我不能不吃甜食，它们到处都是。
40. 老板指派你去做一个重要项目的主持人。
A. 我是一个好项目主管。
B. 我最近刚成功地完成了一个类似的项目。
41. 你和你的配偶（男/女朋友）最近一直吵架。
A. 我最近压力很大，心情不好。
B. 他（她）最近心情恶劣。
42. 你滑雪时总是摔跤。
A. 滑雪是一项很难的运动。
B. 滑雪道上有冰。
43. 你赢得了一个很有分量的奖项。
A. 我是最好的员工。
B. 我解决了一个重大的难题。
44. 你的股票现在跌入了谷底。
A. 我那时不了解股市行情。

B. 我买错了股票。

45. 我中了500万元大奖。

A. 我选对了数字。

B. 真是运气好。

46. 你在放假时胖了起来，现在瘦不回去了。

A. 我这次试的这个减肥法没有用。

B. 从长远来说，节食其实没有用。

47. 你生病住院，但是没什么人来看你。

A. 我在生病的时候脾气不好。

B. 我的朋友常会疏忽这类事。

48. 商店拒收你的信用卡。

A. 我有时候高估了自己的额度。

B. 我有时候忘了去付信用卡账单。

计分方法：选A计1分，选B计0分。

PmB（Permanent Bad，永久性的坏）共8题：5、13、20、21、29、33、42、46。

请将这8个题目的分数加起来，假如加起来后你的分数是0或1分，那说明你在这个维度上是非常乐观的；2或3分代表中等乐观；4分属于平均水平；5或6分代表相当悲观；7或8分，那就要行动了。

PmG（Permanent Good，永久性的好）共8题：2、10、14、15、24、26、38、40。

请将这8个题目的分数加起来，假如加起来后你的分数是0、1、2分，那说明你在这个维度上是非常悲观的；3分是中等悲观；4和5分代表平均水平；6分是中等乐观；7或8分，说明你对好运的持续发生非常乐观。

PvB（Pervasiveness Bad，普遍性的坏）共8题：8、16、17、18、22、32、44、48。

请将这8个题目的分数加起来，假如加起来后你的分数是0或1分，那说明你在这个维度上是非常乐观的；2或3分代表中等乐观；4分属于平均水平；5或6分代表中等悲观；7或8分，表示非常悲观。

PvG（Pervasiveness Good，普遍性的好）共8题：6、7、28、31、34、35、37、43。

请将这8个题目的分数加起来，假如加起来后你的分数是0、1、2分，那说明你在这个维度上是非常悲观的；3分代表中等悲观；4或5分代表平均水平；6分代表中等乐观；7或8分，那说明你是非常乐观的。

PsB（Personalization Bad，人格化的坏）共8题：3、9、19、25、30、39、

41、47。

请将这 8 个题目的分数加起来，假如加起来后你的分数是 0 或 1 分，那说明你的自尊心很强；2 或 3 分代表中等自尊心；4 分属于平均水平；5 或 6 分代表中等低自尊心；7 或 8 分，表示自尊心非常低。

PsG（Personalization Good，人格化的好）共 8 题：1、4、11、12、23、27、36、45。

请将这 8 个题目的分数加起来，假如加起来后你的分数是 0、1、2 分，表示你是非常悲观；3 分是中等悲观；4 或 5 分代表平均水平；6 分是中等乐观；7 或 8 分，那说明你是非常乐观的。

总成绩的计算：

第一，请将三个 B（PmB、PvB、PsB）的分数相加，填入 B 类总分栏。这是你有关不幸事件的分数。分数的意义：

如果你的 B 分数是 3～6 分，那么你真是一个非常乐观的人。

如果你的 B 分数是 6～9 分，那么你属于中等程度的乐观。

10～11 分是平均水平。

12～14 分是中等程度的悲观。

14 分以上表示你需要改变。

第二，请将三个 G（PmG + PvG + PsG）的分数相加，填入 G 类总分栏。这是你有关好事件的分数。分数的意义：

如果你的 G 分数是 19 分以上，那么你对好运、好事件的想法是非常乐观的。

如果你的 G 分数是 17 ~ 19 分，那么你属于中等程度的乐观。

14 ~ 16 分是平均水平。

11 ~ 13 分表示你相当悲观。

10 分以下表示你是极端悲观的。

第三，请用 G 减去 B，得出你的总分，即总分＝G－B。分数的意义：

如果你的总分在 8 分以上，整体来说，你是个很乐观的人。

如果是 6 ~ 8 分，那么你属于中等程度的乐观。

3 ~ 5 分是平均水平。

1 ~ 2 分是中等程度的悲观。

0 或负分是极端悲观。

计分表	
PmB:	PmG:
PvB:	PvG:
HoB:	
PsB:	PsG:
B 类总分:	G 类总分:
G－B:	

（资料来源：马丁·塞利格曼《活出最乐观的自己》）

超级链接

什么是抑郁症?

抑郁症是人群中最常见的疾病之一，世界卫生组织在2010年发布的一份题为《抑郁症：全球性危机》的报告中指出，抑郁症将成为全球第二大疾病负担，预计2030年将上升至世界疾病负担首位。下面是抑郁症的九个典型症状，其中前两个是抑郁症患者临床诊断中最常见的症状。

1. 一天当中大多数时候你的心情都不好，你感到情绪低落、空虚，或是紧张、易怒。

2. 过去带给你享受的事情(包括性爱)几乎都不能引起你的兴趣，从中感受到的快乐越来越少。

3. 心中充满愧疚，觉得自己没用，感到无助。

4. 大多数时候都无精打采，感到身心俱疲。

5. 很难集中精力，记忆力减退，变得犹豫不决。

6. 睡眠出现问题：失眠，早晨突然醒来或者嗜睡。

7. 饮食紊乱：暴饮暴食、体重骤增，或者没有胃口、体重下降。

8. 易激动或者反应缓慢。

9. 有轻生的念头，想要自杀或者有过自杀行为。

抑郁症和短暂的心情不好有着本质的区别，这一点非常重要。抑郁症会影响你的情绪（“我很痛苦”）、你的思维（“我长得不好看”）、你的身体状况（“我睡不着觉”）等。抑郁症类型较多，这让治疗变得更为棘手。下面是最常见的几种抑郁症的典型。

重度抑郁症：这种抑郁症通常会发作一次或几次（或者在某个时间段）。在此期间，患者的抑郁症状非常严重，这些症状不仅会影响到患者的工作、人际交往，还会影响到其睡眠和饮食状况；原本喜欢的活动也会让患者感到厌倦，无法再获得享受。

慢性抑郁症：这是一种症状较轻但会持续很长时间的抑郁症。患者出现的症状没有重度抑郁症多，其危害性也相对减弱了；但这种抑郁会让人长期心情沮丧，做事没有效率。一个人可能会同时患有重度抑郁症和慢性抑郁症，研究人员把这称为“双重抑郁症”。

轻度抑郁症：患有这种抑郁症的人会出现一些抑郁症状，但都不是很严重，时间也不会很长，不需要像重度抑郁症患者或者精神抑郁症患者那样接受正规的治疗。但也必须引起注意，因为它同样会让人心情郁闷，甚至影响到日常生活。

即使是同一类型的抑郁症，也可能产生不同的症状。例如，同样患有抑郁症的男性和女性，女性患者比男性患者更容易出现暴饮暴食、体重剧增、嗜睡等症状，这被称为“反向植物人症状”。而且，男性患者通常会变得易怒、心情沮丧，但不会像女性那样容易感到绝望和无助。另外，大约有十分之一的成年人，其抑郁症会随着季节变化循环出现，在冬季时症状尤为明显。大约有二十分之一的女性往往会在月经期的前一周出现抑郁症状。生育后的女性也很容易患上抑郁症。老年人则会在患有重大疾病或者痛失亲人的情况下患上抑郁症。

但是，你一定要清楚一点——抑郁症是可以被治愈的。令人惊讶的是，大多数抑郁症患者是在患病 9 年后才开始寻医治疗。因此，如果你确定自己抑郁了，或者你曾有过抑郁的症状但从未得到过心理专家的专业帮助，那么强烈建议你立刻行动起来，不要耽搁。

（资料来源：索尼娅·柳博米尔斯基《幸福有方法》）

第九章

利他行为增进幸福的感悟

把你受的伤害写在沙子上，把你受的恩惠刻在大理石上。

——本杰明·富兰克林

开启幸福

亲爱的朋友，你感觉幸福吗？如果你中了一个超大金额的彩票，你认为这会极大地提升你的幸福感，改善你的生活品质吗？

小陈是浙江绍兴的一名普通打工仔。有一天，他闲来无事逛街时，在街上的福彩投注站随手买了两注彩票。幸运降临，他中了 1000 万元的大奖。幸福来得太突然，小陈迅速辞掉了自己的工作，开始谋划新生活。他买房、买车花掉 120 多万元，开始嫌弃糟糠之妻，与其离婚花掉 100 万元，赌博一场至少几十万元。小陈也曾经涉足多个投资项目，如房地产、空调销售、采沙场等，但由于缺乏相关知识，又没有投资经验，这些项目都经营不善，血本无归。

在短短的 4 年过后，小陈发现自己的银行账户上没钱了，他又回到了以前一贫如洗的日子。然而，由俭入奢易，由奢入俭难，为了维持自己体面的生活，小陈抵押了车子，卖了房子，还向当地银行申请了一张额度 20 万元的信用卡，在恶意透支了 19 万元之后就消失了。

为了躲债，小陈东躲西藏。绝望的他又来到了当初带给他好运的彩票投注站，希望幸运能再一次眷顾他。然而，等待他的是一副冰冷的手铐。被警方抓住时他身上仅有 80 元。

这个故事告诉我们，意外之财不一定会带来幸福。仔细观察下我们周围，近年来，我们的生活水平得到了极大的提高，财富累积也增加了。但有关民众生活满意度的调查表明，虽然我们的购买力增强了，但我们的生活满意度却没有得到显著的提升。

从图 9-1 可知，当你非常贫穷，食不果腹、衣不蔽体时，财富的增加会带来幸福感的急剧上升；而当你的财富累积到一定程度，生活有了基本保障之后，财富的增加能够提升的幸福感就微乎其微了。甚至，在曲线的末端，我们看到财富的继续增加会带来幸福感的下降。

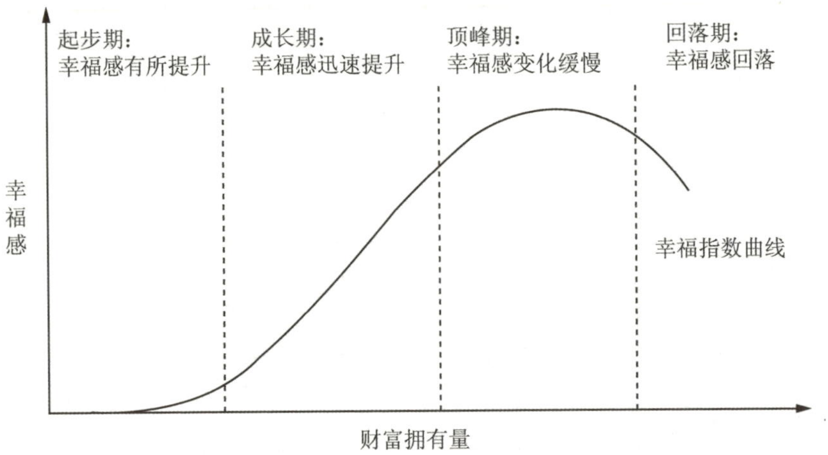

图 **9-1** 财富拥有量和幸福感的关系

（图片来源：钱无忧 http://business.sohu.com/20111121/n326304584.shtml，2017-12-20）

幸福秘笈

金钱可以买到“药物”，但买不到“健康”；金钱可以买到“珠宝”，但买不到“美”；金钱可以买到“书籍”，但买不到“智慧”；金钱可以买到“伙伴”，但买不到“友情”。

幸运的事情和金钱不能买到幸福，或者说，它们不能带来长久的幸福。那么，我们怎样才能感受到幸福呢？对生活中的美好习以为常、熟视无睹，对过去生活中的挫折和磨难念念不忘，是我们感受不到幸福的最重要的原因。有几种方法可以让我们感受到生活中的美好，体会到细微之处的美妙，那就是本章要提到的感恩、利他与宽恕。

一 感恿与幸福

1. 感恩的含义

感谢他人对你的帮助能让你体会到幸福。由于个人生活经历的不同，不同的人对于感恩有不同的理解。但是我们认为，感恩不仅仅是在受到他人的帮助，接受他人馈赠给你的礼物后道谢。感恩包括这些，但不局限于这些。感恩的含义远远比这些要广泛。怀有一颗感恩的心，有助于我们在逆境中始终心存希望的火光，在贫穷中不泯灭对美好生活的期望，在富裕中保持警醒，在平淡中体会到生活的快乐。怀有一颗感恩的心，使我们能享受生活。当面对仇恨、敌意、焦虑等消极情绪时，感恩的心能帮助我们平静下来，化解这些消极情绪。

罗伯特·埃蒙斯是著名的感恩研究专家。他认为感恩是指“一种对生活油然而生的惊喜、感谢和欣赏”（Robert Emmons，2008）。当岁月静好时，仔细体会你所拥有的一切，感激生活对你的优待，感激曾经帮助过你的人。你可以打电话给曾经教过你的老师，感谢他们对你的教导；你可以感谢你的朋友，感谢他们在你需要的时候对你的陪伴；你可以感谢你的家人，感谢他们在你身后一直默默地支持着你；你可以感谢你的孩子，感谢他们给你的生活带来了新的活力和欢乐。你所拥有的一切都可以让你心存感激。

2. 感恩提升幸福感

感恩不仅能让你体会到生活中的美好，还能让你的精神变得更加的健康、强健。很多研究表明对生活怀有一颗感恩之心的人，他们更加乐观、更加精力充沛，对未来的生活心怀希望，同时也体验到更多的幸福。一个人越是对生活心怀感恩，就越是乐于助人，越富有同情心，相比起那些不懂感恩的人，其患抑郁症的可能性也越小，越不会产生焦虑、孤独和嫉妒等消极情绪或者神经过敏的现象。为了进一步探明感恩和生活中的积极情绪、身体健康之间的关系，研究者做了更多的实验。这些研究结果有助于我们更深刻地理解感恩与积极情绪、身体康健、幸福感之间的关系。

研究者招募来一批志愿者，把他们随机分为两组，一组为实验组，一组为对照组。在实验组中，研究者要求志愿者连续 10 周，每周记录 5 件让他们心怀感恩的事情，而在对照组中，志愿者则被要求连续 10 周，每周记录 5 件让他们觉得烦心的事情。实验结果发现，被要求记录感恩事件的志愿者在实验结束时报告了更多的积极情绪，对生活的满意度更高，觉得更幸福，甚至连身体的健康状况也得到了一定的改善，志愿者报告的一些身体不适的症状，如感冒、咳嗽、头疼等症状都减轻了，锻炼身体的时间也有了相当程度的增加。

对健康者有这样的效果，那么对身体患有疾病的人呢？ 接下来，研究者还招募了一些患有慢性疾病的患者进行同样的表达感恩的实验，得到了类似的研究结果。这些患者在努力表达感恩的日记里体验到了更多积极的情绪（如有趣、兴奋、快乐和自豪），他们的人际关系向良性的方向改变，在他人遇到困难时更乐于施以援手，更乐于助人，更愿意与他人交往，甚至他们的睡眠质量也得到了相当程度的提高。

这些研究结果让人兴奋，它们揭示了感恩不仅能提高我们的精神健康水平，而且能促进我们的身体健康。 这些研究揭示了感恩的确能对我们的精神及身体健康产生即时的影响。 但是，感恩是否能对精神上的健康产生更加长远的影响呢？ 随着时间的推移，感恩是不是会让人们一直感觉到幸福呢？ 为了探明感恩所起的长期作用，研究者进行了更深入的实验，他们设计了幸福干预实验。在实验中测试了参与研究的志愿者的幸福水平，然后进行干预，在实验过程中引导志愿者表达感恩，记录生活中让他们感到感恩的事情，在实验结束后，再次测试他们的幸福水平。 指示语如下：我们生活中发生的事情，大大小小不计其数，其中很多值得我们感激。 回想过去一周发生的事情，在下面的横线上写下让你心怀感激或者想要感恩的事情，最多不超过 5 件。

参加研究的志愿者连续六周每周都参与这项幸福干预实验，其中一半的志愿者被要求在每周周日的晚上做这项幸福练习，而另一半的志愿者被要求在每周周二、四、日的晚上各做一次幸福练习，每周做三次。 志愿者反馈的感恩内容相当广泛，五花八门，什么都有。

和研究者的实验预期一样，参与这项活动的确能较好地提高参与者的幸福感。 那些在活动中学会感恩的人变得比原来更幸福。 参与实验的志愿者的幸福水平在干预前后都有了明显的提高。 但是这种显著的效应只出现在每周日表达感恩之情的实验组中，那些每周三次做感恩练习的志愿者在实验前后幸福感的提升并不显著。 难道不是感恩的次数越多就越会感到幸福吗？ 这表面看起来比较让人费解的现象背后的原因可能是：如果一个人被迫连续六周，每周三次表达自己的感恩之情，他可能会觉得很厌烦这项练习。 而如果每周只做一次，志愿者可能会觉得新鲜，进而能深入地理解感恩的意义，也更容易坚持下去。 在后面的内容中，我们会再次讨论这个现象。 这个实验结果提示我们在表达感恩时需要注意的影响因素，它对于每一项可以提升幸福感的行动都有着重要的作用。

3. 如何表达感恩?

感恩有助于提高我们的幸福感，如果你愿意将感恩付诸行动，那么你就会在幸福的路上越走越远。下面有一些可以操作的感恩行动，你可以从中选出你喜欢的一种或几种，付诸行动。

感恩日记：如果你有写日记的习惯，如果你不善于当面表达对他人的感激，如果你喜欢写作，那么写感恩日记就是一个非常适合你的方式。在一天当中一个固定的不被打扰的时间段，抽出几分钟的时间，静静地回顾一下自己这一天的生活。认真思考 3～5 件你认为值得感恩的事情，事情可大可小，比如，同学对你的问候，老师对你的关心，陌生人对你的帮助，朋友给你的信任；也可以是一些对你来说具有重要意义的事情，比如，通过了一次重要的考试，得到了一个你梦寐以求的奖项，还可以关注你身边已经拥有的一些东西，你的优势，你的兴趣，你已经实现的目标等。我们在前面提到的实验表明，一周记录一次能最大限度地提高你的幸福感。不过，这个频率也存在较大的个体差异，有些人需要每天记录，有些人适合一个月记录三次。你可以多次尝试，确定一个适合自己的频率。

直接表达：直接表达对他人的感激之情，比如，当面致谢、打电话、写信等，给你带来的幸福感会更加显著。在你的表达中可以提到对方曾经为你做过什么，在什么时候帮助过你，给你的生活带来了什么样的变化和影响，对方做的事情对你的意义，以及你对他的感激之情。研究发现，即使写信给那些自己并不认识、但曾给自己的生活带来重大影响的人，或是给自己生活带来便利的人，也会让自己开心振奋。

柳博米尔斯基在《幸福有方法》中，曾经提到过一个朋友写给 30 年前的高中英语老师的一封信。信中这样写道：

> 我想告诉您，您无疑是我的中学老师中对我影响最大的一位。我非常感激您当时对我的认可，您坚信我具有某方面的才能——当时全校没有几个人这样认为。您或许夸大了对我的能力的评估，但这让我有了自信，而且在之后的许多年里都让我受益匪浅。
>
> 最重要的是，您把我，一个非常不成熟的十七八岁的人，当作成年人来对待。这赋予了我强大的力量。当时是 20 世纪 70 年代，那时人们的想法和现在完全不同，时至今日，我仍会不禁思索：老师，您是怎么想的呢?

信中的主人公提到了老师曾经对他的认可，提到了这种认可对于当时的他以及之后的他的长久影响，表达了对老师的感激。

柳博米尔斯基的研究还进一步揭示只要你写了感谢信，即使没有送到，幸福感也可以得到提升。她招募了一些志愿者在连续的 8 周内，每周花 15 分钟的时间给在自己生命中曾经帮助过自己的人写感谢信。如果志愿者在写信的过程中全情投入，那么不管信最后是否送达，他们都感受到了比参与活动前更多的幸福。

塞利格曼曾经设计过一个为期一周的感恩拜访活动。他将志愿者分为两组，其中的一组志愿者需要在一周内写一封感谢信，亲手交给自己感谢的人。另一组对照组的志愿者则没有硬性要求，他们可以自行选择表达感恩的方式。实验表明，第一组志愿者的幸福感有了更大程度的提高。写了感谢信并进行了回访的被试的幸福感有了显著提升，这种提升一直保持到感恩结束之后，甚至这种提升在感恩回访结束一周之后仍然存在。对照组的幸福感提升则没有实验组那么显著。实验结果告诉我们，对那些在你生命中曾经帮助过你的人，当面表达感激之情，不仅会让对方收获愉悦，同时能极大程度地提高你的幸福感。你可以在自己的日常生活中，定期实践这个行动。

公开表示感激：选个公开的方式感谢帮助过你的人，比如，在你的班级里，在你的微博里，在你的微信朋友圈中公开地感谢他人对你的付出。

给个拥抱：我们绕了一个大圈子，往往忘记了对自己身边的人表示感激。在合适的时候给自己身边的曾经帮助过自己的人一个拥抱。

有形的礼物：送给对方一件小礼物，表示你对他的感谢，礼物不一定要很贵重，只要是你认真挑选的觉得适合送给对方的即可。

其他表达感恩的方法：表达感恩的具体方法多种多样，除了我们前面提到的那些，还有很多其他的方法。比如，朋友和家人的支持也能使你增强感恩之心。当你失去动力的时候，你的朋友可以提醒你，鼓励你。可以借助他人的视角，用另一种崭新的方式发现生活中值得感恩之处。具体的方式方法可以依据你自身的特点而定。如果你不习惯写感恩日记，可以选择我们提到的其他方法，或者你可以用你自己的方法。每天选择一个固定的时间认真思考你的生命中值得你感恩的人和事，选择一个合适的方式表达自己的感激。

如何保持表达方式的新鲜感？当我们总是用同一个方法表达感恩时，过一段时间我们可能就会感到厌倦，失去了继续保持下去的动力。一个重要的诀窍就是经常更换表达方式。隔段时间换个方式可以始终让你充满感恩的热情。例如，写几周感恩日记，和朋友交流最近几周发生的值得感恩的事情，也可以通过画画、拍照等表达感恩。

总之，你要记住当你失去继续感恩的热情时，可以转换一个方式，改变你表达感恩的时间、频率。这有利于你更好地保持这种行为。

4. 感恩的意义

以上几个研究的结果都表明，心怀感恩可以让你的生活变得更加的幸福。基于以往的研究，我们认为感恩之所以能提高幸福感，是由于以下七个方面的原因。

第一，心怀感恩，可以让人们更善于发现生活中的美好。如果懂得欣赏生活中的种种平淡，在平淡中体会到生活的美好，就能最大限度地从现有的生活中获得幸福和满足。在我大学的最后一年，找工作的压力、学业的焦虑困扰着我。我非常希望能尽早毕业，脱离现在的生活。有一天，我的一个姐姐对我说："好好珍惜现在最后的大学时光吧，纯粹、美好，等你工作之后，可能会有各种各样的烦心事围绕着你呢。"那时候的我，面对着生活里的重重压力，并没有感到大学生活有多么美好。听了姐姐的话，我开始认识到大学生活可能是我的最后一段求学时光，和身边的同学相处的时光也所剩不多，于是心怀对生活的感恩之情，珍惜最后的大学时光——这种心态让我觉得日子不再漫长难熬，心情自然就变好了。

第二，表达感恩，有助于提升人们的自尊水平。表达感恩有助于你将注意力放在生活中令人高兴和感激的事情上，你会意识到你拥有今天这样的生活离不开周围很多人对你的付出，离不开生活对你的优待和厚爱。你会变得对生活充满信心，也更加的自信，做事的效率也会得到极大的提升。

第三，心怀感恩，有助于人们更好地应对挫折。生活中有高峰有低谷，每个人在人生当中不可避免地会遇见各种压力事件带来的消极情绪。如果我们对生活抱有一颗感恩的心，我们就能更从容地面对生活中的挫折和不快。柳博米尔斯基在她的《幸福有方法》一书中提到了这么一个让人印象深刻的例子：她有个叫布莱恩的学生，曾经遭遇过交通事故而导致身体残疾。而布莱恩有次在课堂上分享他人生最快乐的时刻时，竟然提到，他最快乐的时刻是出院回家的那一天！布莱恩说，尽管他当时什么都做不了，但是他感觉到能够活着就已经非常幸运了。在医院住了四个多月之后再回家，这感觉真是太棒了！类似布莱恩的例子并不少见，60 岁的英格，在生命垂危的时刻，也分享了类似的感受：听着时钟的滴答声，感受到生命的流逝，我知道死亡随时有可能来临，然而，我并不害怕，也不悲伤。因为他懂得了生存的意义和自己曾经存在过的价值，对曾经的生活心怀感恩之情。布莱恩和英格对于生命的这种感恩之情，让人感动。这种感恩在他们生命中遇到挫折的时刻，转变成为支撑他们乐观生活、笑对人生的重要力量。

第四，心怀感恩能激发人们的道德感。感受到生活的美好，体会到生活中其他的人对自己的帮助，会使人更有可能在他人碰到困难时施以援手。懂得感恩的人更有可能会帮助他人。

第五，心怀感恩有助于加深人们和朋友之间的感情，扩展人们的人际交往圈。我们在前文，并将继续在后文提到写感恩日记，写感恩日记能够激发你和他人联系的愿望。当你对他人心怀感恩时，即使你没有当面向他表达出来，也会极大地促进你们的关系，使你们的关系变得更加亲密无间。罗伯特·埃蒙斯曾经说过，当你真正意识到朋友、家人的价值时，你就会对他们更好，这种状态将呈现一种螺旋上升的趋势，形成一种良性循环。在这个循环中，良好牢固的人际关系将会加强你们之间的联系。懂得感恩的人身上的积极向上的特质，也会让他们更容易交到朋友，被人喜爱。

第六，心怀感恩能提升人们的积极情绪。积极情绪和消极情绪一般不会同时存在，感恩所带来的积极情绪能很好地化解消极情绪。当我们在玩《国王与天使》的游戏时，体会到他人真诚地为我们服务的感激，将极大程度地提升我们愉悦、满足的情绪，让我们更多地体会到与同学相处的美好，而当我们说出对同学的感激、自己的满足时，也会让对方觉得开心。

第七，感恩之情能帮助人们战胜享乐适应。我们很容易适应和满足现在的生活，这是人与生俱来的一种生存能力，却是我们感受幸福的巨大障碍。当我们的生活品质有了极大提升，比如，住进了设施齐备的豪宅，购买了崭新的汽车，一开始我们会觉得非常幸福，然而随着时间的流逝，我们的幸福感不再那么强烈，我们对目前的生活习以为然。而感恩能帮助我们很好地克服这一点，不要认为生活中的一切都是应该的，珍惜自己所拥有的一切，始终对生活怀有一颗感恩的心，使我们能打败享乐适应对我们的影响。（柳博米尔斯基，2014）

二 利他行为与幸福

1. 利他行为促进幸福感

教育人们向善是社会倡导的主流价值观，有句俗语叫“赠人玫瑰，手有余香”，多做善事不仅可以帮助困境中的人，而且帮助别人的人也能从中得到好处。即使做好事时你没有期望得到回报甚至也不会得到回报，你仍然可以从帮助他人的行为中得到很多的快乐。

纪伯伦有诗云：在花中采蜜，是蜜蜂的娱乐；但将蜜汁送给蜜蜂，也是花的快乐。卡耐基也曾经说过：寻求快乐的一个很好的途径是不要期望他人的感恩，付出是一种享受施予的快乐。得到是让人愉快的，但付出也会让人感到快乐吗？ 以往人们早就观察到幸福快乐的体会和利他行为之间的关系，但没有直接的证据证明利他行为能导致幸福快乐。 以往的研究发现，越是幸福的人越有可能去帮助他人，他们也更愿意承担自己职责范围之外的工作。 但是，到底是利他行为引发了幸福感，还是由于这些人觉得幸福，所以更乐于帮助他人，很难得到一个统一的解释。

柳博米尔斯基（2014）的一个幸福干预实验很好地说明了这个问题。 他招募了一批志愿者，将他们随机分为两组，让这两组每周做 5 件好事。 其中，一组做好事的时间没有具体规定，只要一周做 5 件就可以；另一组则被要求在某一天之内做 5 件好事。

为他人做的好事不分大小，可以是帮别人缴纳停车费，义务献血，看望一个好久不见的亲人，在操场上陪小朋友玩耍，做义工等。 受帮助的人可以是同一个人，也可以是不同的人，他可能知道你帮助了他，也可能不知道。 你可以创造性地做各种你能想到的好事。

志愿者在每周日上交有关他们这一周所做的事情的报告，在报告中他要写出这周在什么时候，为谁，做了一件什么样的好事。 他们发现志愿者在生活中做了很多不同的好事：慰问、探望老人，资助流浪汉，安慰身边的朋友，帮家人做家务，帮助老师做一些教辅工作。

这个实验的结果表明，做好事的确能提高人的幸福感，但是这种效应只在那些一天完成 5 件好事的人身上显著，在那些没有固定时间做好事的被试身上，对于幸福感的提升并不显著。 这可能是由于志愿者分散在 7 天内完成这些好事，而这些好事大都是些小事，因此效应也就大大减弱了，湮没在日常的鸡毛蒜皮中。 毕竟，就算我们不参与研究，在日常生活中，我们也会做些好事，只是我们并不会时时意识到自己做过这些好事。

因此，利他行为可以提升幸福感，但需要注意做好事的时间。 在前面提到的感恩实验中，感恩的时间和次数也会显著影响到人们的幸福感。 我们需要确定利他行为的时间、频率和方法。

上面的研究证实了利他行为和幸福感之间确实存在因果关系。 然而，柳博米尔斯基并不满足于此，他还试图证明利他行为和幸福感之间的内部作用机制。 他进一步设计了一个新的实验。 在实验开始之前，他要求每个志愿者列出一个清单，把他们“在将来更愿意做的事”以及“每天反复做的事”写出来。 这些清单所包括的内容也相当广泛，包括：为家人做一些额外的家务，问候老师，送给朋友一件礼物等。 接下来，他们将志愿者随机分为两组，一组参与者可以随意选择自己想要做的好事，而另一组志愿者只能选择被指定的好事，不能更改。 两组志愿者都是连做 10 周，每周做 3 件好事。

实验的结果表明，对于那些被要求每周重复地做 3 件同样的好事的参与者，其幸福感一开始会上升，但是在研究中期又开始下降，并且会一直下降到他们幸福感的最初水平。 而对于那些一直变换做好事的方式的志愿者，他们的幸福感会一直上升。 这个实验的结果提示我们，保持所做的好事的丰富多样，才能很好地提升人的幸福指数。 另外，当人们确定自己的幸福提升计划时，行动是由自己确定和选择的，而不是被强迫的，其幸福指数就能得到很好的提升。

2. 利他行为的意义

利他行为能让人更深刻地体会社会群体之间的互相依赖、互相帮助，在这种认识下我们就能更加友善地对待他人。 我们在帮助他人的过程中，也能很好地体验到快乐。 这有助于我们舒缓自己的压力，降低自己不安的情绪。 Ted 上的一位演讲者做过一个实验，将被试分为两组，给每组成员一个信封，里面有一些钱。 一组被要求把钱花在本人身上，另一组被要求把钱花在别人身上。 把钱花在本人身上的买了小饰品、咖啡，并没有感到幸福感增加多少，还是之前的生活状态。 把钱花在别人身上的一组人，有些给流浪汉买了食物、衣服，有些给了借钱的朋友现金，协助到了别人。 当这两组人花光了钱，被问到幸福感如何时，有利他行为的一组人明显比花钱在自己身上的人要幸福一些。 在销售团队中，有利他行为可以协助提升团队业绩。 在竞技团队中，有利他行为可以提升比赛胜率。 所以你可以试着把一些钱花在别人身上，给予你的好心，你收获的幸福将比你把钱花在自己身上时多得多。

利他行为还能影响对自我的认知。 当你帮助他人时，你就会认为自己是一个关心他人、关注社会的人。 这种新的自我认识架构可以增强你的自信心，让你变得乐观。 同时，在帮助他人的过程中，你也能更多地感受到自己的价值，产生更多地对生活的掌控感。

同时，利他还能带来一系列连锁的社会效应，给你所生活的环境带来积极的推动。 助人为乐会让你周围的人喜欢和欣赏你，同时被你帮助过的人更有可能在你需要帮助的时候帮助你，也更有可能会帮助他周围需要帮助的人。 利他行为的涟漪影响的范围会越来越大。

利他行为还减轻了参与研究的志愿者的抑郁症状，提升了他们的自尊水平、自我价值感和幸福感。 很多研究的结果指向志愿者利他的奉献行为提升了他们的主观幸福感。

柳博米尔斯基曾经对 5 名患有多发性硬化症的女性志愿者进行了为期 3 年的追踪调查。 这 5 名志愿者需要对其他 67 名同样患有多发性硬化症的人提供精神支持和帮助。 在她们去做助人工作之前，首先对她们进行了专门的培训，培训内容包括倾听、表达对他人的理解、鼓励他人等的技巧。 志愿者需要做的是每个月给每个患者打 15 分钟的电话，倾听他们生活中的烦恼并给予他们支持和鼓励。 3 年后的回访结果表明，这 5 名志愿者在助人行为之后，自己的生活满意度、幸福感、自信心都有了很大的提升。 她们其余的社交活动较之 3 年前也有了较大的提高，积极情绪也大大提升了。 究其原因，这 5 名志愿者认为这项助人的工作起了较大的作用。 比如，当鼓励他人时，她们自己的注意力不再只关注自己的病症，顾影自怜。 在倾听的过程中，她们也学会了更加全面客观地看待自己的疾病。 其中一位志愿者说：“虽然多发性硬化症目前还找不到有效的治疗方法，但不管发生什么事情，我都有信心去面对。”让人觉得震惊的是，这些志愿者身上的积极变化远远大于她们所帮助的这些人。 她们的主观幸福感大大提升，是其他患者的 7 倍之多。 这种效应随着时间的推移不断累加，变得越来越大。 而以往的研究得到的幸福效应，都是随着时间的流逝而越来越小的。

尽管这个研究所涉及的参与者非常少，只有 5 个人。 但是从实验的结果我们可以清楚地看到助人为乐给人们带来的巨大的好处。

3. 在日常生活中如何做出利他行为？

很多人觉得自己的生活非常忙碌，没有时间去做好事。 也有人觉得自己身边的人都身强体健，没有做好事的机会。 然而，利他行为有大有小，只要你仔细观察，你会发现你的身边有不少做好事的机会。 例如，在某个活动中充当志愿者，在下雨时和他人分享自己的雨伞，帮助朋友解决一个学业上的难题，帮助一个家长临时看管一下他的孩子，等等。 只要你决定做好事，一定可以在自己身边发现机会。

我们需要注意的第一点是，做好事没有时间、精力、金钱的限制，它可能发生在我们身边的任何一个时刻，任何一个地点。 然而，对于有些人来说，当他们竭尽全力去帮助身边的陌生人时，却忘了自己身边的配偶、孩子、朋友也需要帮助。 例如，有一位音乐家，他平时的工作非常繁忙，但他听说社区的敬老院需要他去进行慰问活动时，他每月都会抽出时间去参加。 他的演出给敬老院的老人带来了很多快乐。 但是他的妻子却感到伤心，因为去敬老院的演出挤占了他原本陪伴家人的时间，他更加没有时间陪伴自己的家人了。

我们需要注意的第二点是，把握好自己行善的频率。 从上面提到的几个实验中，我们可以看到，当你做好事的频率不够时，你的幸福感不会有显著的提升，而当你做好事的频率太高了之后，你会觉得太累，负担太重，不能坚持很长的时间。 根据我们提到的实验结果，比较理想的频率是，每周做一件较大的好事，或者是做 3～5 件较小的好事，但都坚持在一天内完成。

我们需要注意的第三点是，做好事的种类要不断地变化。 当你重复地做一些好事时，你可能很容易厌倦，会觉得乏味。 随着时间的推移，做这些好事能带给你的幸福感会逐渐减少，甚至会成为你的一种负担。 所以，经常变化做好事的类型，能让你的幸福感一直保持在较高的水平上。 当然，这需要极强的创造性。

4. 利他行为的风险

尽管做好事会给我们带来种种好处，但也可能给我们带来一些潜在的风险。 比如说，当你帮助他人时，可能会让对方觉得自己的处境非常艰难而产生自卑的感觉，进而对你产生怨恨。 这提醒我们帮助他人时，不要表现出高人一等、施舍对方的感觉。 平等真诚地对待你要帮助的人。

另外，做好事是一种自发的，可以自己决定何时开始、何时结束的行为，而不是被迫去做。 当你被迫去做好事时，可能心中会升腾起很多怨气，也就达不到提升幸福感的目的。

过去的研究结果发现，如果夫妻中的一方瘫痪或者患有老年痴呆症等导致生活不能自理，需要另外一方长时间的照顾，那么，这会影响照顾者的心理健康，其抑郁水平要比普通人高出 3 倍。 这意味着我们在做好事时，要考虑到种种影响因素，做好心理准备。 同时，照顾者周围的人也需要更理解他们的处境，给予他们足够的支持。

我们前面已经提到，金钱不能买来幸福，而本章当中提到的一系列的实验结果表明利他行为能带来幸福。 在胡润研究院发布的《2015 胡润慈善榜前 100 名排行榜名单》中，阿里巴巴的马云以约 146.5 亿的捐赠额再次成为中国首善。 马云说：“做公益、做慈善都是人生一辈子中最大的一种福报。”世界首富比尔·盖茨也曾这样说过：“我当然衣食无忧，当财富多到一定程度，金钱对我来说就没用了。 我的财富完全是用来构建一个机构，来将资源分配到世界上最穷的地方去。”金钱对于他们来说意味着承担了更多的责任。

三 宽恕与幸福

当你迈向自由时，若不能把悲痛与怨恨留在身后，那么你仍在牢笼之中。

——曼德拉

1. 宽恕提升幸福感

在我们前面的研究中已经提到，感恩能够提高我们的幸福感，因为它提示我们多去关注过去的生活当中好的部分。而相反，总是去留意过去生活当中的仇恨，这会让我们感觉痛苦。当我们沉浸于别人曾经对我们的伤害当中时，这种仇恨的情绪会妨碍满意情绪的出现。曾经被婚姻伤害过的人，想到曾经受过的欺骗和经历的谎言，不仅心情低落，而且会对再次走进婚姻疑虑重重。曾经在某个城市受过欺骗的人，想起那个城市都会觉得印象不佳。不仅仅是个人，国家也是如此。比如，南斯拉夫前总统米洛舍维奇一直强调塞尔维亚人民600多年来遭受到的苦难和迫害，结果导致巴尔干半岛战火纷飞，人民流离失所。而有“南非国父”之称的曼德拉，虽然历经坎坷，受尽磨难，但仍然致力于化解种族之间的隔离和仇恨。在他的领导下，南非迈向国家统一，进入了新的发展里程。

为了保护我们的生存，进化使我们的大脑更加易于保留一些消极事件和消极情绪。然而大脑的进化赶不上外部文化和环境的变化，今天，生存的环境较之远古已经发生了巨大的变化，所以我们需要重新建构新的记忆模式，遗忘或者压抑不好的记忆给我们带来了消极影响。但是美国哈佛大学社会心理学家丹尼尔·魏格纳的实验证明刻意的压抑和遗忘反而会出现反作用。他要求参与者尝试不要想象一只白色的熊，结果人们的思维出现强烈反弹，他们很快在脑海中浮现出一只白熊的形象。当我们刻意转移注意力时，思维也开始出现无意识的“自主监视”行为——监视自己是否还在想不应该想的事情，使我们无法从根本上放弃对事情的关注。因此，刻意的压抑和遗忘是不可取的，能够转换过去的伤痛和仇恨的方法唯有宽恕。然而，面对过去的伤痛，想要宽恕很难。下面是有人提到的我们很难或者不能去宽恕的理由：宽恕会使你不愿意去惩罚作恶的人，而作恶的人应该得到惩罚；宽恕让亲者痛，仇者快；我们对作恶者的惩罚是正当的，宽恕会让作恶者逍遥法外。

宽恕对我们又有什么好处呢？宽恕能使我们不再纠结于过去的伤痛，使我们的情绪更加的平和、积极，能够提升我们的生活满意度。宽恕让我们解脱情绪的桎梏，活得更加自由。过去有研究证明，宽恕者的身体更加健康，尤其表现在心血管方面。如果宽恕能带来和解的话，还能大幅度调和宽恕者和被宽恕者的关系。古代佛经故事有云：冤冤相报何时了，得饶人处且饶人。

我们是否应该宽恕，宽恕是对是错，完全取决于个人的价值观。目前有多项研究证实了宽恕和生活满意度之间的正向相关。

扎克·易卜拉欣的故事

扎克的父亲诺塞尔是一名埃及裔的工程师，是一个温暖、慈爱的父亲。他常常带扎克去公园踢球，还会给他系鞋带。然而，诺塞尔在生活和工作中的一些不幸遭遇使他转而从宗教中寻求安慰，逐渐蜕变成了一名狂热的宗教分子。1990年，诺塞尔枪杀了犹太保卫同盟会的领袖，本·拉丹向全世界号召要“永远铭记”他的名字。诺塞尔在监狱服刑期间还参与策划了震惊世界的美国世贸中心爆炸案。从此之后，扎克的一家就陷入了颠沛流离、隐姓埋名的生活中，扎克的世界一夜之间发生了巨大的变化，曾经深爱的父亲被抓捕，被警员冷待，被周围的人咒骂凌辱，受到死亡威胁，流离失所，而他在学校不断地受到霸凌，被继父的孩子欺负，被继父殴打。他无数次想要自杀，也曾经想过用恶意来回应外界的欺辱：他也霸凌其他弱小的孩子。后来，一次参加全国青年大会的经历，让他认识了一位犹太朋友，他逐渐意识到不同种族的人之间并没有与生俱来的仇恨。美国电视节目《每日秀》的主持人约翰·斯图尔特的节目使他认识到一个人的人格与他的种族、信仰并无关系。这位犹太裔的喜剧演员积极地影响了他的人生观，成为他精神上的父亲。有一天，当他和他的母亲谈到他的人生观的转变时，他的母亲说：我不愿再憎恨他人了。看着母亲疲惫的眼神，在那一瞬间，他意识到憎恨一个人需要在心中保持多么巨大的负能量。扎克放下了内心的仇恨，走上了与他的父亲完全不同的人生道路。

我们不应该为了自私的原因去宽恕别人。告诉自己，你可以超越痛苦和报复，使自己的心灵得到自由。假如你不能做到心甘情愿的宽恕，则这种宽恕不会使你的心情放松。

2. 如何进行宽恕?

宽恕心理学家沃辛顿（Worthington）的母亲被歹徒杀害了，从最开始的震惊、仇恨到最后的宽恕，这是特别困难的事情。沃辛顿所提出的宽恕的五个步骤，简称REACH。

R是回忆，尽量以客观中立的方式去回忆伤害到你的这件事情，不要自怜自艾，也不要把对方预想成十恶不赦的罪人。深呼吸，慢慢在脑海中回想这件事。

E是移情，站在伤害者的角度考虑。他当时的处境可能是什么，他的立场可能是什么，他为什么会做出当初那样的行为。可以尝试编一个故事，从伤害者的角度来组织整个故事，想象他面临什么样的选择和如何看待自己的行为。

A 是利他，回想以前自己曾经伤害过别人的一件事情，而别人原谅了你。这是他人对你的宽恕，你很感激他人的宽容。

C 是承诺，自己在有人见证的情况下宽恕伤害者。沃辛顿辅导的被伤害者会签下宽恕证书，写信给伤害者，在日记中、诗中、歌曲中写下宽恕，或是告诉一个可信赖的朋友，这些都是最终实现宽恕所必须做的事。

H 是保持宽恕之心。宽恕不是一蹴而就的，即使你今天做到了宽恕，关于过去的记忆仍会一次又一次地回到你的脑海中。我们并不是要把过去的事情忘记，而是要把记忆中仇恨的标签换为宽恕。不断地提醒自己，你已经放下了仇恨，宽恕了伤害者。然后重读你写的宽恕之信。

你可能觉得这样做让你很难接受。你怀疑这么做是否能真正让仇恨者得到内心的平静。目前，已经有一些研究证明了 REACH 模式的有效性。斯坦福大学的研究者托雷森（Thoresen）召集了 259 名志愿者参与研究。志愿者共参与 9 个小时的工作坊，分六次进行。步骤和上面提到的 REACH 模式一致，特别强调从客观的立场去重写那些悲伤的故事。托雷森的研究结果表明：愤怒、紧张和快乐、幸福是不能同时存在的情绪。愤怒与紧张越少，快乐与幸福就越多。你越能宽恕，宽恕的良好效果就越明显。（塞利格曼，2010）

幸福行动

练习一 感恩日记

目标：连续四周，每周写一次感恩日记，仔细体会内心幸福感的提升。

感恩不应该只停留于心中，将感恩付诸行动，能更好地提升你的幸福感。感恩日记就是一种较好地表达你对他人感激之情的简单易行的方法。

在一周内选一个安静的无人打扰的时间，回顾你过去的生活，选择一位曾经帮助过你，但你从未当面感谢过的人作为感恩对象。详细地写下他对你的帮助，你那时内心的感受。写下他的帮助对你的影响和你现在所取得的进步和成绩。当面给他念出你写下的信，向他表示感激。

你也可以回顾一下这一天的生活， 找到 3～5 件你认为值得感激的事情，事情可大可小。 把它们记录下来。

写感恩日记的频率建议一周一次。 也可以根据你自己的喜好和接受程度灵活调整。

练习二 宽恕

目标： 通过本章提到的 REACH 步骤， 使参与者体会从不同的角度看问题的价值和力量。

在你过去的人生中， 有没有谁曾经伤害过你， 有没有至今让你难以释怀的人或者事。 找到一件这样的事情， 运用本章提到的 REACH 步骤， 把整个过程详细记录下来。 从新的角度来看待当初伤害过你的这个人或这件事， 看看是否会有不一样的体会。

宽恕心理学家沃辛顿曾经分享了他是如何按 REACH 步骤宽恕杀害他母亲的凶手的。 在第一步回忆和第二步移情中， 他想象着两个年轻人准备抢劫一栋无人的房子， 然而被他的母亲撞破时内心充满惊慌和恐惧。 在这种惊慌和恐惧的驱使下， 他们做出了残忍的行为。 而不是像一开始所想象的那样， 这两个人就是十恶不赦的坏蛋， 原本的目的就是要伤害他人。 当他站在不同的角度看待问题时， 他对同一件事情就有了不同的理解和感受。

练习三 感恩测验

这个测验是由迈克尔 · 麦卡洛（Michael McCullough）和罗伯特 · 埃蒙斯（Robert Emmons）这两位专门研究感恩和宽恕的大师设计的。

阅读下面的题目， 并给出分数（从 1～7 分中选择）。 其中， 1 分＝强烈不同意； 2 分＝不同意； 3 分＝有点不同意； 4 分＝中立； 5 分＝有点同意； 6 分＝同意； 7 分＝强烈同意。

1. 我生命中有特别多让我觉得感激的东西或者人。
2. 如果我要列出所有我感激的东西， 那这个单子将会很长。
3. 我看不到这世界有什么值得感谢的事情。
4. 我对很多人都很感激。
5. 我年纪越大， 越感到生命中有许多人、 事、 物对我有帮助， 他们都成了我生命历程的一部分。

6. 要经过很长一段时间后，我才会对某人或某事产生感激之情。

计分方式

1. 请将第 1、2、4、5 题的分数加起来。

2. 颠倒第 3 题和第 6 题的分数，也就是如果你选的是 7 分就把它改成 1 分，如果你选的是 6 分就改成 2 分，以此类推。

3. 把改后的第 3 题和第 6 题的分数加到第 1 步的总和中，这就是你的感恩测验的分数。你的分数应该在 6～42 分。

我们以 1224 个成人样本的平均值为基准，来看一下你的成绩。假如你的分数在 35 分以下，你的感恩指标就在后四分之一；如果分数为 36～38 分，就落在样本群的后二分之一；分数为 39～41 分，则落在后四分之一；如果你得到 42 分，你就进入前八分之一的行列了。女性的分数比男性略高一些。（塞利格曼，2010）

超级链接

网络延展

A：TED 演讲：大卫·斯坦尔德-拉斯特《想要快乐？学会感恩》。

（资料来源：https：//www. ted. com/talks/david _ steindl _ rast _ want _ to _ be _ happy _ be _ grateful/transcript? language=zh-cn，2017-12-20）

B：TED 演讲：扎克·易卜拉欣《我的父亲是恐怖分子，但我选择了和平》。

（资料来源：https：//www. ted. com/talks/zak _ ebrahim _ i _ am _ the _ son _ of _ a _ terrorist _ here _ s _ how _ i _ chose _ peace? language=zh-cn，2017-12-20）

第十章

时间管理促进幸福感提升

时间是一个伟大的作者，它会给每个人写出完美的结局来。

——卓别林

开启幸福

小明是商学院大四的学生，来自农村。刚入大学前两年，他出于好奇参加了各种社团。由于在社团方面投入了大量的时间，小明的学习成绩一直处于下游。大三时，小明在外兼职了三份家教，并参与了两份社团工作。每天早出晚归，花在学习上的时间更少了。其间，小明曾想过考研或找工作，他的理想工作是去外资企业做人力资源管理。但由于兼职、社团等各种原因，在考研或找工作方面采取的行动却很少。现在马上要毕业了，他在一次找工作的过程中发现能拿出手的东西很少。小明像泄了气的皮球，觉得是贫穷使其输在了起跑线上并放弃再去尝试。现在小明每天在宿舍里刷手机、看视频或玩网游，直到深夜才筋疲力尽地上床去睡觉。他知道这种生活没意义，但第二天，又重复着同样的事情……重复做这样的事，或者几小时，或是瞬间，但其后感觉起来，又觉得非常空虚。在看到身边的同学因找到工作而开心时，小明却怎么也快乐不起来，相反，感到非常痛苦。在经历长达一个月的痛苦挣扎后，小明怀着极其低落的心情走入学校心理咨询辅导中心。

在大学里，小明每天都在忙碌，做各种各样的事情，最后却与心目中的快乐、幸福感相去甚远，为什么会这样呢？请各位读者思考一下，再看接下来的“幸福秘笈”。

幸福秘笈

相信小明的故事是不少大学生的真实缩影。这种由于在学习、生活环境中的时间管理混乱而未能体验到幸福感的典型情境，相信有不少读者在大学期间也有过类似的体验。不幸的是，有些学生仍只会怨天尤人，任其继续发展，直至达到难以控制的地步。其实，如果能有效地管理时间便可以增加对生活的掌握感，曾经的幸福感便会悄悄返回。

作为一种重要的资源，时间对每一个人都是公平的，每天都是24小时，不会因人的性别、民族、身份地位的不同有所差异。但是由于管理的不同，时间可以使一个人在青春年华里成就事业、摘取皇冠，达到理想的彼岸；也可以使年轻人转眼间滑向老年，终身一无所成。时间的种种隐喻，诸如“时间就是财富”“时间就是力量”“时间就是生命”“时间就是一切”，都反映了时间的重要性，同时也表明在生活中对时间进行管理的必要性。接下来将从时间管理与幸福感的关系、时间管理的陷阱以及如何通过时间管理提升幸福感几方面进行探讨。

一 时间管理与幸福感

作为一名学生，你的时间主要用于上课、自修、学习等方面。然而你还是一名社会人，除了学习外，还要维系与家庭、老师、同学、朋友等已有的社会关系，同时会参加特定的社会活动并承担相应的责任和义务，如电话联系、聚会等。从某种程度上来看，你的个人时间常被某些特殊的任务和安排所支配。在正常情况下，我们往往很难完成所有的任务，因此我们需要在有限的时间里对时间进行管理，来决定哪些优先完成。心理学家发现，一个人的时间管理能力对其心理健康、学业成绩、人际关系及主观幸福感都有重要的影响。

1. 时间管理对心理健康的积极作用

随着生活节奏的加快和竞争程度的愈演愈烈，每个社会人都在为提升自己的竞争力而拼命地提高时间使用效率或压缩休闲时间，这将极大地增加其压力感知，使其总感觉生活很匆忙。经常体验到这种时间匆忙感，会导致人的身体状况变差或者负面情绪增加。尽管这种主观的时间压力感处处存在，但是并非对所有人都产生恶劣影响。心理学家发现，时间管理是其中一个重要调节变量，即个体通过自己计划、安排、设定优先等级等一系列的时间管理行为可以增加其对环境掌控的信心，进而缓减时间压力感带来的紧张。因此，时间管理的好坏是影响心理健康的重要因素。我国学者李宏利和张雷（2010）对大学生进行研究后发现，善于时间管理的大学生能够对各种事情进行合理有序的规划，避免出现拖延，并能够避开网络依赖等，心理健康状况较好。马忆萌等人（2014）的研究也得出类似的结果，发现能合理支配时间的学生在日常的学习、工作和生活中能够比较有计划、有目标地安排自己的精力，往往能达到事半功倍的效果，一定程度上能够满足自身心理上的需要，容易体验到成功与喜悦感，不易出现学习倦怠心理和行为。此外，黄岗等人（2009）的研究还发现，个人烦扰、学习烦扰和消极生活事件均可以影响到大学生的睡眠质量，而善于时间管理的大学生可以缓减这些事件对睡眠质量的影响，睡眠质量更好。

2. 时间管理对学业成绩、人际关系的积极作用

能否有效地实现对时间的管理与个人的生活质量密切相关。对古今中外的成功人士进行分析可以发现，善于驾驭时间的人，往往能够出色快捷地完成任务，成绩显著，出人头地的时间也早。不会驾驭时间的人，尽管他们拼命地工作，但仍停滞不前，成绩平平或很差，出人头地的时间晚甚至不可能。有学者曾研究过学生的管理行为与学业成绩的关系。例如，温斯坦（Weinstein）、斯通（Stone）和汉森（Hanson）的研究表明，大学生在时间管理量表上的得分与其学业成绩呈显著的正相关，也就是时间管理能力越强，学业成绩越好。原因可能是，善于驾驭时间的人通常有正面的自我观念、浓厚的学习兴趣、较强的自我效能感及有强烈的自我实现动机和行为；相反，不会驾驭时间的人，在自我认识、学习兴趣、自信、自强等方面相应地要差得多。另外，善于驾驭时间的人，在快捷地完成学习任务时，还可以做到人际关系、学业、体育锻炼多方面的协调，如他们可以在学习之余，与朋友、家人交流，且业余生活丰富多彩，人际关系良好；相反，不会驾驭时间的人，学习拖拖拉拉，牺牲自己的业余时间去学习，生活方式单调乏味，无暇顾及家人、朋友，引发人际关系危机，更要命的是学业成绩也不一定会得到改善。

3. 时间管理对主观幸福感的积极作用

个体的一切行为，无不是追求幸福的行为，又无不受人们对时间的支配方式的影响。时间管理能力强的个体能够较好地利用时间，在有限的时间内取得更好的成绩，面对困难时也更从容，在日常生活中能够体验到更多的积极情绪、成就感和满足感，因此主观幸福感较高。范翠英等人（2012）的研究发现，大学生的时间管理能力与其总体的主观幸福感、积极情绪呈显著正相关，与其消极情绪呈显著负相关。

二 时间管理陷阱

尽管时间管理对幸福感提升有积极作用，但一些因素可能会影响到个体的有效时间管理，进而降低个体的幸福感知。接下来，将探讨时间奴隶、面面俱

到、完美主义、拖延、逃避等方面对时间管理乃至幸福感的影响。

1. 时间奴隶

有效地管理时间，并不是要使自己终日忙忙碌碌、拼命提高工作效率，成为时间的奴隶。人们对于时间的管理通常是感性的，每个人都尝试对时间进行管理，然而有下列几类人容易走入时间管理的另一个极端，成为时间的奴隶，最终降低了幸福感知。

第一类是那些执着于“井井有条”的人。这些人在做每一件事之前，都要花很多时间来考虑各种各样的可能性，以制订面面俱到的计划。他们热衷于计划而无实际行动。一旦没有完成计划好的事情，第二天就会去做更好的计划。这种人习惯于计划得好，而常常对情况的变化、新的机遇和别人的需求视而不见。第二类是那些“做得太多”的人。这类人承担的工作量超过他本身能承担的工作，每天都被工作任务所驱使，难以抽点时间来估量一下所做事情的真正价值，往往是事倍功半。第三类是工作狂。这类人不停地工作、不分时间、不分昼夜地工作，没有休息时间，没有自己的业余兴趣、爱好，只是一味地工作。究其原因可能是喜欢，但多数时刻是自己的一种发泄。这种人时刻惦记着时间，力争不浪费一分钟，往往会由于不切实际的时间安排而使自己终日处于忙碌与紧张当中。

上述的三类人在管理时间，但是方式不是很恰当，因此走向了另一个极端。陷入上述三类时间管理类型中的任一种，都会使个体出现工作与生活的失衡，进而引发心理危机并降低幸福感。时间应被视为中性的资源，这将有助于把握现在，而不会迷失于“过去”或“未来”。过去如一面镜子，指导我们如何行动；未来是一切努力的结果；只有现在才是我们可以采取行动的阶段。

2. 我可以把所有事都做好

小丽是某大学管理学院大三的学生，成绩一般。她个人有较高的理想，期望得到老师、同学的认可。她在学校参与多个社团，并在学生会宣传部、班委会任职，最近还选修了财务双专课程。由于社团活动、学生干部工作耗时较多，用在学习上的时间自然就少。一次，财务管理老师以小组为单位布置作业。上课不多的小丽主动承担这一任务，其他组员听到她肯定的语气及得知其管理学的专业背景，同意由她来完成此作业。然而在交作业的前两个晚上，小组讨论作业完成情况时，小丽却说因为近几日事情繁杂，还没有做。由于时间紧迫，小组成员为了完成任务加班加点赶出一份作业交上去了。当然，由于时间过于仓促，作业质量不太高，小组成绩也不高，因此小组成员对小丽颇有微词。小丽因此感到很困扰。

在上面的例子里，小丽期望自己在每一方面都做好，结果并没有如愿。这可能与她想在每一方面都做好的期望有关。在实际生活中，我们每天都会面临很多的机遇，每天都要做出一些抉择。例如：

你是想成为一名律师、大学教授、演员、政客，还是想成为一名记者？

你今天是想去兼职、拜访朋友、学习，还是旅游？

晚上想吃川菜、粤菜、湘菜，还是法国大餐？

……

较多的选择可以让我们的生活更为丰富，但有时候这些选择会扰乱我们的视线，让我们不知道该如何决定。时间是有限的，但人的想象力却是无限的。有时候凭一时的冲动想出来的事情需要花好几天甚至是好几个月时间才能完成。

每个人在生活中都会扮演着不同的角色。比如，在上例中的小丽在老师眼里是一个合格的学生，在家里是一个孝顺的女儿、负责任的姐姐（妹妹），在男朋友身边是一个体贴的恋人，在班上或学院里是学生干部，也可能是某个社团成员等。无论你在什么场合中以什么身份出现，总会要在这些身份上花一些时间，家人需要你的照顾，朋友希望和你联络，恋人需要你的陪伴，学习需要占用你的大量精力，学生干部工作、社团活动需要占用时间，而小丽能做的是尽量使身边的人感到满足。虽然她已经十分努力，但仍然觉得时间不够用。时间好像永远不够用，该做的事情永远都做不完。

有些事情是今天必须做的，如完成老师布置的作业，给朋友回信，看病，去银行取钱等。而明天又会有一堆新的任务等着你去做，给父母打电话，参加同学的生日聚会，参加社团活动，考前复习等。每天都会有很多件需要做的事情冒出来，而时间又这么少。如果想把所有事情都做好，估计每天有 30 个小时也不够用。因此，把所有事情都做好的观念只会使你活得很累，很多时候是在为他人而活，而失去了自我，最终失去了提升幸福感的原始动力——主动性。所以，请不要人云亦云地说，在高压下最有效率，有些时候可能是这样，但是我们也会相应地付出一些代价，比如幸福感的降低和健康的代价。

3. 每件事须做到完美

小赵是某学校的语文老师。他最近常常抱怨工作量大，经常加班，最让他痛心的是学生对于他任劳任怨的行为并不理解。经了解发现，小赵平时一丝不苟，教学认真负责，尤其在批改作业方面。学生每次上交的作业和试卷，他都认真批改，即使有一个错字，也要让学生反复订正，直到全对为止。这样，学生的作业和试卷基本上都要来回批改三遍。他自己感到很累，教学效果也没有他预计得好，最令他不解的是部分学生和同事对他的这种方式颇有微词。

从小我们接受的教育是完美主义教育，如字要写得整齐漂亮、笔记要工整、考试完后要反思为什么得了95分而不是满分。受完美主义思想的影响，人们常常追求心目中的完美，尤其注重细节。这类人常见的思维模式有“我应该学习再努力一点”“我晚上应该把所有的家务都做完”“我应该把试卷再检查一遍”等。这使他们对任务完成的质量有很高的要求，希望做到尽善尽美。然而，他们常常在规定的时间内收效并不明显，却使自己与其相关的人群感到压力很大，进而使幸福远离自己。

4. 今天的事，明天还可以再做

有一位艺术家很想画出一幅能再现圣母玛利亚最为完美的形象的画像。可是，他一直都没有动手。他认为对于圣像而言最为重要的就是姿势和配色，只有这两个问题解决了，圣像才能画出来。他整天设想画像的姿势和配色，想到很多姿势，但总觉得不够完美，而他要寻找能够表现圣母形象的更好姿态。对于色彩也是如此，他总能找到不满意的地方。就这样，拖了一天又一天，他的画还是没有画出来。当朋友问他圣母画好了没有，他说，最完美的圣母画像怎么可能那么容易就画好了呢？一年过去了，他的画还是没有画好。朋友又问，他还是那样回答。若干年过去了，他还是没有动笔，他的朋友已经不再追问了。许多年里，为构思人物的姿态和画面色彩，他几乎没有时间做其他的事情，然而圣母姿态和画面色彩也仅仅是停留在他的构思中而已。直至他去世，这幅他构思了一辈子的“名画”也没有问世。

这位画家为什么会失败呢？原因只有两个字——拖延。拖延是一种恶习，它会侵蚀人的意志和心灵，把人的能量消耗于无形之中，阻碍人的潜能的发挥。更严重的是，这使当事人往往会陷入恶性循环：做事拖延—完不成工作或完成效果不好—情绪低落—工作效率下降—意义感缺乏—再次拖延。

很多人在做事情的时候总是等到所有的条件都具备的时候才会采取行动，殊不知，良好的条件是等不来的。在学习、工作、生活中，极少碰到“万事俱备，只欠东风”的境遇，我们在一般情况下不可能等到所有的条件都比较完善时才开始工作，即使在这种既定的环境中，即使在现有条件下，我们同样可以把事情做到最好。而事情的完成有助于提升我们的存在感与意义感，增强我们的幸福感知。因此，我们应该克服拖延，通过行动去创造更为有利的条件。因为只要认真做起来，即使十分微小的事情，哪怕仅仅做了五分钟，也是一个极好的开端，就能带动我们着手做更多的事情。

5. 意外的打扰

不在计划内的打扰是让人烦恼的消耗时间的事情之一。电话、同学过来聊天、朋友问候，以及其他紧急情况都是对正常工作的打扰。意外的打扰对复杂的工作伤害最大。喜欢在寝室学习的同学经常会有这样的经验，一道难题好不容易有点眉目了，被人打扰后再也想不起来了。在寝室里看书，接几个电话，一上午就过去了。因此，不期望的打扰会让人很沮丧。

综上所述，个体不合理的信念和意外的打扰等因素均会打乱我们原有的时间安排，造成生活的混乱，影响到任务的完成，进而弱化我们的成就感与存在感，使幸福感离我们越来越远。因此，在提升幸福感时，应该尽量克服这些时间管理陷阱。

三　如何进行时间管理来提高幸福感？

一天，时间管理专家为一群商学院学生讲课。他现场做了演示，给学生们留下了一生难以磨灭的印象。时间管理专家站在那些高智商、高学历的学生面前说：“我们来做个小测验。”然后，他拿出一个约3.79升的广口瓶放在他面前的桌上。随后，他取出一堆拳头大小的石块，仔细地一块块放进玻璃瓶里。直到石块高出瓶口，再也放不下了，他问道：“瓶子满了吗？”所有学生应道：“满了。”时间管理专家反问：“真的？”他伸手从桌下拿出一桶砾石，倒了一些进去，并敲击玻璃瓶壁使砾石填满下面石块的间隙。“现在瓶子满了吗？”他第二次问道。但这一次学生有些明白了。“可能还没有。”一位学生应道。“很好！”专家说。他伸手从桌下拿出一桶沙子，开始慢慢倒进玻璃瓶。沙子填满了石块和砾石的所有间隙。他又一次问学生：“瓶子满了吗？”“没满！”学生们大声说。他再一次说：“很好。”然后他拿过一壶水倒进玻璃瓶直到水面与瓶口平。他抬头看着学生，问道：“这个例子说明什么？”一个心急的学生举手发言：“它告诉我们：无论你的时间表多么紧凑，如果你确实努力，你可以做更多的事！”“不！”时间管理专家说，“那不是它真正的意思。这个例子告诉我们：如果你不是先放大石块，那你就再也不能把它们放进瓶子里了。那么，什么是你生命中的大石块呢，与你爱的人共度时光，你的信仰，教育，梦想，或是和我一样，教育指导其他人？切切记得先去处理这些大石块，否则，一辈子你都不能做到。”

我相信很多同学都听过这则故事，它告诉我们在时间管理中要找到生活中的大石块。那么我们如何做，才让时间管理更有效，让幸福靠近我们呢？

1. 明确人生目标

穿越玉米地

有一年，一群意气风发的天之骄子从美国哈佛大学毕业了，他们即将开始穿越各自的玉米地。他们的智力、学历、环境条件都相差无几。在临出校门前，哈佛大学对他们进行了一次关于人生目标的调查。结果是这样的：

27％的人，没有目标；

60％的人，目标模糊；

10％的人，有清晰但比较短期的目标；

3％的人，有清晰而长远的目标。

以后的25年，他们穿越各自的玉米地。25年后，哈佛大学再次对这群学生进行了跟踪调查。结果如下：

3％的人，25年间他们朝着一个方向不懈努力，几乎都成为社会各界的成功人士，其中不乏行业领袖、社会精英；

10％的人，他们的短期目标不断地实现，成为各个领域中的专业人士，大都生活在社会的中上层；

60％的人，他们安稳地生活与工作，但都没有什么特别成绩，几乎都生活在社会的中下层；

剩下27％的人，他们的生活没有目标，过得很不如意，并且常常在抱怨他人、抱怨社会、抱怨这个“不肯给他们机会”的世界。

其实，他们之间的差别仅仅在于25年前，他们中的一些人知道为什么要穿越玉米地，而另一些人则不清楚或不很清楚。

在上面《穿越玉米地》这则短文中，我们可以看出目标对我们生活的重要意义。目标是衡量一个人行为的尺度。目标使我们明确要做什么事，将要从中获得什么。没有目标，我们的眼前将是混沌一片。正谓人无远虑，必有近忧。只有给自己设定了目标，才会在繁杂的日常生活中保持清醒的头脑。有了目标，即使工作压力再大，也会遵照正确的优先原则，充分发挥自己的能力，快速、自信地得到自己想要的。而目标的达成是影响生命意义的核心因素之一。此外，目标可以给人们指明工作的重心及行为的方向。有目标的人通常对未来充满了期待感。我们一旦确定了目标，并坚持去追求它，就仿佛插上了翅膀，潜力就被激发出来了。

综上，目标使我们的生活变得更有意义感，使我们有更强的方向感，并对未来充满了期待。而意义感及对未来的期待感本身就是幸福感的核心元素之一，因此，明确目标可以提升幸福感知。

2. 给任务按轻重缓急排序

许多人在处理日常事务时，完全不考虑完成某个任务后他们会得到什么好处。这些人以为每个任务都是一样的，只要时间上被填得满满的，他们就会很高兴。或者他们愿意做从表面看起来有趣的事情，而不理会似乎不那么有趣的事情。他们完全不知道怎样把人生的任务和责任按重要性排队。

如果我们只按“缓急程度”办事的话，不但使重要事情的履行遥遥无期，最大的恶果是使原本重要不紧急的事必然转化为重要又紧急的事，如写论文、考试。这会使我们错失很多重要的东西，或者将重要事情处理得不够好，进而增大生活的挫折感或生活的不确定性，而这对幸福感的提升是极其不利的。因此，我们认为，在处理事情的先后顺序时，应先考虑事情的重要程度（重要程度是指对实现目标的贡献大小，贡献越大，事情的重要程度越高），再考虑事情的缓急（见图 10-1）。这样即使没有完成所有的任务，也完成了重要任务，而重要任务的完成更有利于成就感的提升。据幸福的含义可知，成就感是幸福感的重要元素，因此，按事情的重要程度而不是按缓急程度来处理事情有助于

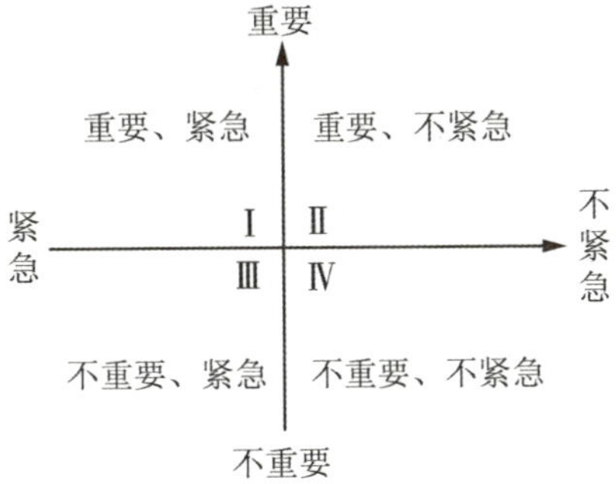

图 **10-1**　时间管理四象限

提升幸福感。接下来，我们将介绍按照重要程度处理任务的一种常用方法，即时间管理四象限法。

根据重要性与紧迫性两个维度，我们可以把手头的事情分为四类，分别为：重要紧急的事情（如救火，抢险，或者生病要马上看医生），重要但不紧急的事情（如写论文、做计划、学英语等），紧急但不重要的事情（如有人因打麻将三缺一紧急约你），以及既不紧急也不重要的事情（如娱乐消遣）。值得注意的是，在划分第一、第三类时容易把紧急的事当作重要的事。其实二者的区别就在于这件事是否有助于完成某个重要的目标，如果答案是否定的，便应归入第三类。此外，偏重于不同类事情的结果也不同，如偏重于重要紧急事件的人群，容易感到较大的压力，有时会出现筋疲力尽的现象；偏重于重要但不紧急事件的人群，一般有远见、自制力强、危机较少；偏重于不重要但紧急事件的人群，一般注重眼前利益，有一定的危机处理能力，但轻视目标与计划，易被视为巧言令色的人；偏重于不重要不紧急事件的人，一般多依赖他人、无责任感。对个人而言，时间管理通常是对四类事件的管理组合。

研究表明，在一个高效能的时间管理组合中，重要紧急事情所用时间应占总时间的比例为20%～30%，重要但不紧急事情为50%～60%，剩余两类事情所占比重不超过30%。这在一定程度上说明危机处理与规划的重要性。如何做到高效的时间管理呢？应把握如下原则：对重要紧急的事情应“马上就做”；重要但不紧急的事情可以“定出做的时间，待会儿做”；对于不重要但紧急的事情，可以授权让他人去做；对于不重要不紧急的事情，就不要去做了。

3. 安排弹性的日程

每个人难免会遇到一些意外的情况，所以在安排日程的时候，一定要给自己留出足够的弹性。如果事先把自己的所有时间段都安排得满满的，那你很可能无法完成预期的任务。结果在一天结束的时候感到非常的沮丧、焦虑，甚至是紧张。将任何事情的预计时间留宽裕些，你便能避免延误，不必要的匆忙，以及令人不快的失望。同时，太过于匆忙的生活会让我们感到巨大的压力并且会降低效率，对身体也有很大的危害。给自己留点宽裕的时间，这个技巧不仅适用于工作，也适用于家庭生活。

每天会有很多计划外的事情发生，想想看，你要接电话，查邮件，接待朋友……这些日常活动都会占用你的时间。由经验得知，虽然你不可能预料到自己每天都会遇到什么事情，但是在大多数情况下，你会遇到一些意外的事情来打断原定的计划。所以你需要一些空闲时间来处理那些不期而遇的问题或者是去把握任何新出现的机会。

怎样为自己留出宽裕的时间呢？ 首先将你认为能完美完成的一项计划所需的时间总结出来，然后预计如果受到打扰或耽搁，还需要花费多长时间。 预计要充分一点，最好把截止日期这项外在的因素一并考虑进去。 比如某些管理者在安排工作时就会充分利用这一技巧，某项任务的期限是三个星期后，但是他考虑到他的下属总是拖一两天才能匆匆忙忙把方案交给他，故在分配任务时，他告诉下属，这项任务的截止日期是两个星期后。 这样安排，即使下属再次拖延，也不会影响到最后的工作效果。

4. 学会说“不”

我们身边的人总是想吸引我们的注意力，希望在他们身上多花一些时间。比如，配偶希望我们多花一些时间打扫房间，父母希望我们经常回家看看他们，朋友希望能经常听到我们的问候……当我们满足了他人的要求时，他人会感到满足，但是当他人的要求和我们自己的安排相互冲突的时候，我们内心会感到不安，不知道该怎么分配我们的时间。

当我们关注他人的需求的时候，不要忘了我们也同样拥有合理的权利、需要的欲望，因此我们要善待自己，必要的时候要学会说“不”。 虽然这只是一个简单的字，但如果使用得当而且及时的话，它可以帮助你节约很多时间。 千万不要让别人的一些无谓的要求消磨掉你的宝贵时间，在拒绝的时候一定要坚决果断。 但是要做到这一点似乎并不容易。 当你正在忙的时候，某人让你帮忙买机票，你可以告诉对方，我知道这件事情对你很重要，可我现在确实很忙。 如果愿意的话，你还可以向对方表示歉意，并告诉他你现在都在做什么，或许他也能设身处地为你着想。

有些人总是不愿意拒绝别人，总是在处理一些对别人来说很重要的事情，而自己的事情总是放到最后才做。 这样的人大多不清楚自己在人际交往中的一些基本权益，不敢表达自己的意见、感情和情绪。 结果让自己原有的计划安排被打乱，承受着身心的痛苦。 因此，若要提高自己的生活质量与幸福感，很有必要学会说“不”。

当然，当你的家人、老师、领导或是你身边其他很重要的人提出要求时，虽然你感到很为难，但是你又不忍心拒绝他们，这时你该怎么办？ 这时最好的办法就是折中，比如说告诉对方你的时间安排，或者是和对方坐下来讨论。 即使在说“不”时，可能会让对方感到难受，或者短时间内让你自己感到难过，但从长远来看，学会说“不”可以让你对自己的生活更有掌握感，幸福感更高。 另外，学会说“不”可以让你集中精力把重要事件做好，提升自我的生命价值感。 还有就是，不会说“不”的人往往由于精力分散而不能把事情做好，这对他人和自己都是不利的。 因此，学会说“不”，有利于幸福感的提升。

5. 抓住生命中重要的东西

经济学中的 80/20 法则告诉我们：如果把所有的工作内容按照实际价值列出来的话，我们会发现 80%的价值都是由 20%的工作产生的，而剩下的 80%的工作只能产生 20%的价值。具体的比例可能会发生或多或少的变化，但是在大多数情况下，80/20 法则还是很符合实际情况的，例如：

80%的销售额源自 20%的顾客；

80%的电话来自 20%的朋友；

80%的财富集中在 20%的人手中；

80%的钱花在 20%的贵重物品上；

80%的清洗时间花在 20%经常穿的衣服上；

80%的看电视的时间花在 20%的电视节目上；

……

根据 80/20 法则，如果一个人每天要完成 10 件工作的话，他只需要完成其中的 20%（也就是其中的两件），就可以产生 80%的价值。所以他首先应该找出这两件工作，然后尽快完成。他完全可以把另外 8 件暂时放在那里，因为他当天工作的大部分价值都源于其已经完成的那两件工作。所以一定要反复提醒自己，集中精力处理那 20%的工作，千万不要把时间浪费在那些价值不高的活动上，因为生命中那 20%重要事情的成功处理有助于个人价值的实现、生活意义的增强、幸福感的提升。

幸福行动

练习 时间管理的 ABC 排序

根据事件的重要性与紧迫性两个维度，时间管理专家多推荐时间管理的 ABC 排序系统。在该系统里，首先，我们要列出一天的事务清单，在那些你认为最重要的条目左侧写上 A；在那些你认为最不重要的条目左侧写上 C；在剩余条目的左侧写上 B。在 ABC 系统里，A 级活动应该是最重要的活动，所以你应该把大部分的时间花在 A 级活动上，然后考虑 B 级和 C 级活动。考虑到我们每天的时间有限，而且不同活动的紧迫程度也不同，所以我们可以对当天要完成的活动条目做进一步细分，按照紧急程度把 ABC 各级内的活动条目进一步分为 A1，A2，…，B1，B2，…，C1，C2，…

列出清单以后，你可以首先完成所有的 A 级活动，然后再着手处理 B 级活动，最后处理 C 级活动。有时候你可能会完成清单上的所有任务，但是在大多数情况下，你无法做到这一点。而且即使你是以优先次序开展这些活动，你也可能连所有的 A 级活动都未能完成，有时候你可能完成 A 级和 B 级活动，甚至是一些 C 级活动，但事实上，很少有人能完成所有的任务。所以，记住一点，列出“事务清单”的目的在于帮助你更好地利用自己的时间，而非做完清单上所有的事情。

【自检】

请按照时间管理的 ABC 排序系统来对你的生活事件进行日常管理。

____

____

____

说明：善于进行时间管理的人，通常能按照任务的重要性对生活事件进行排序，而不是按任务的缓急而排序，更不是随心所欲地排序。

超级链接

一　时间管理的沿革

时间管理经过了“公鸡型”“仓鼠型”“北极熊型”“群狼型”“熊猫型”五代沿革，这一沿革的过程是一个时间管理的逐渐优化的过程。“熊猫型”时间管理是时间管理的最高境界。

第一代：“公鸡型”

采用第一代时间管理的人，很像一只公鸡，按时打鸣，时间观念极强。所以他们采取的时间管理叫作“公鸡型”管理。

第一，“公鸡型”时间管理的工作方式。

有一个详细的备忘录，有什么事情就记下来，然后按照记录一件一件地做完。这种人已经有了一定的时间管理知识和时间管理能力。

第二，这种管理类型的优劣。

好处：通过这种时间管理和对事件的记录，可以知道做了哪些工作。

坏处：个人的活动被各种各样的事件控制，不是人控制事件，而是事件控制人。

第三，对这种工作方式的反思。

它过度注重每一个事件的完成，按照记录去做，需不需要做、该不该做都不清楚。有执行力但是并没有产生多大的效果。

第二代：“仓鼠型”

仓鼠又叫田鼠，常在夏秋季节到田里偷粮食，然后搬到洞里储存起来，准备过冬。仓鼠有储存粮食的计划，但没有章法。它们到处打洞存粮，有些地方存上粮食后连它们自己都忘记了位置。

第一，“仓鼠型”时间管理的工作方式。

事先有一个明细的工作计划，按照这个计划逐项办理，有条不紊。

第二，这种管理类型的优劣。

好处：事先有计划，做想做的事情，具有追求效率的意识，且效率能明显提高。

坏处：虽然有计划，但是计划没有目的性。虽然效率高，但效益不明显。

第三，对这种工作方式的反思。

这样管理时间的人，其人生目标和价值取向并不明确，即使有计划也是盲目的，甚至有些计划本身就是在浪费时间。

第三代：“北极熊型”

北极熊在动物世界里非常孤独，它们独自寻找食物，从来不与其他同类分享。它们的头脑里就没有他人的观念。

第一，“北极熊型”时间管理的工作方式。

首先明确个人的价值观及人生目标，然后确定做或不做这件事。

第二，“北极熊型”管理方式的优劣。

好处：制订方案、控制自己的时间时有了明确的价值目标。

坏处：由于过度强调个人的价值观和人生目标，会缺乏团队观念。

第三，对这种工作方式的反思。

采取“北极熊型”管理方式的人由于没有他人的观念和团队观念，其行为常常不被他人和上级理解、支持。“独木不成林”，因此，他们的执行力很有限，很难取得较大的成果。

第四代：“群狼型”

众所周知，群狼具有集体作战的团结精神，它们在作战前精心计划，分工合作，集体捕获猎物。所有的狼都会为计划的实现而勇往直前、奋不顾身，该作风备受企业界推崇。

第一，“群狼型”时间管理的工作方式。

团队和集体的利益是至高无上的，每一个人都要为之做出牺牲、奉献。

第二，“群狼型”时间管理方式的优劣。

好处：该类型强调确定最重要的事情，然后把这件事情做好，可以说是一种很好的时间管理方式。

坏处：过分地强调团队的利益，强调为团队的利益不惜牺牲个人的幸福。

第三，对这种工作方式的反思。

“群狼型”时间管理方式往往使部分具有奉献精神的员工得不到应有的报酬或者适当的生活满足，从而造成员工的主观懈怠或者客观疲惫，最终致使工作效率降低。

第五代：“熊猫型”

【案例】

不同的人有不同的困惑：农民一年365天，面朝黄土背朝天，劳碌终生所得微薄；工人最怕的是下岗，多劳未必能多得；白领朝九晚五，还得加班，还要看老板的脸色，要多难看有多难看，自尊心都受影响；专家日子也不好过，象牙宝塔拼命钻，出师未捷身先死，现在很多专家教授，研究来研究去，最后劳累过度而死亡；有的人觉得最高境界是当老板，但老板更忙，遇事亲力亲为，还得担惊受怕。

案例分析:反思今后的生活质量,到底应该是什么样的?为什么付出很多劳动却得不到同样的回报?

对于这样的问题,第四代时间管理是远远不能够解决的。第四代时间管理解决了如何使集体利益最大化的问题,然而与此同时也给人带来了很大的痛苦。

在当今社会激烈竞争的状态下,随着人们痛苦程度的增加,融合了效益和个人舒适度的第五代时间管理应运而生。

第一,"熊猫型"时间管理的工作方式。

在追求社会公益的前提下,同样要追求自己人生的价值。强调认真工作,幸福生活,劳逸必须结合;在服务社会的同时享受人生,二者必须均衡。

第二,"熊猫型"时间管理的基本观念。

突破了原来只顾工作不顾个人生活的片面理念,提倡将工作与生活有机地结合在一起,努力实现个人利益和团体利益的平衡。

、第三,"熊猫型"管理的最高境界:消费就是创造,创造就是消费。

"熊猫型"时间管理方式满足了当今社会对效益与舒适兼得的要求,提出了个人利益与团体利益和谐创造的方式。但是,要把它做得尽善尽美,还需要一定的知识和技巧。

最后,通过对第五代时间管理的学习,应该学会如何去思考个人的人生,学会怎么样才能够达到这样一种境界,一种个人的利益和社会的利益能够统一、均衡的境界。

(资料来源:周坤《"第五代"时间管理》)

二 延长喜欢的活动的时间一定能增添主观幸福感吗?

为了回答这个问题,心理学家采用问卷调查的方式探讨了时间使用对主观幸福感的影响。调查数据来源共有三部分,分别为1975年在美国收集的时间使用调查数据,1986年和2010年在加拿大收集的时间使用调查数据,以及1985年和2003年在加拿大滑铁卢大学的抽样调查数据。考虑到幸福感概念的复杂性及难以用单一指标测量,在此研究中,主观幸福感的测量指标包括:(1)对每项日常活动的喜爱评定值;(2)在调研周期内最有趣的活动;(3)在抽样调查中每项日常活动的愉快情感体验评定值;(4)时间使用与感知到的幸福感和生活满意度的关联程度;(5)在调研周期内,不同日常活动的参与频率与愉快情感体验评定值的关联。结果表明,延长喜欢的活动的时间并不能预测个体的主观幸福感,相反,当个体的情感与行为趋于平衡时,其幸福感更高。

参考文献

1. 阿兰·拉金. 如何掌控自己的时间和生活. 刘祥亚，译. 北京：金城出版社，2005.

2. Alan Carr. 积极心理学：关于人类幸福和力量的科学. 郑雪，等，译校. 北京：中国轻工业出版社，2008.

3. 阿尔伯特·埃利斯. 无条件接纳自己. 刘清山，译. 北京：机械工业出版社，2017.

4. 芭芭拉·弗雷德里克森. 积极情绪的力量. 王珺，译. 北京：中国人民大学出版社，2010.

5. 莱特. 幸福婚姻圣经. 朱燕楠，马晓垚，译. 沈阳：万卷出版公司，2010.

6. 林恩·亨德森. 害羞与社交焦虑症：CBT 治疗与社交技能训练. 姜佟琳，译. 北京：人民邮电出版社，2015.

7. 路斯·哈里斯. 幸福是陷阱？ 吴洪珺，等，译. 上海：华东师范大学出版社，2008.

8. 罗伯特·斯滕伯格. 爱情是一个故事：斯滕伯格爱情新论. 石孟磊，译. 北京：世界图书出版公司北京公司，2017.

9. 马丁·塞利格曼. 真实的幸福. 洪兰，译. 沈阳：万卷出版公司，2010.

10. 马丁·塞利格曼. 持续的幸福. 赵昱鲲，译. 杭州：浙江人民出版社，2012.

11. 马丁·塞利格曼. 认识自己，接纳自己. 任俊，译. 沈阳：万卷出版公司，2010.

12. 米哈里·契克森米哈赖. 幸福的真意. 张定绮，译. 北京：中信出版社，2009.

13. 乔纳森·海特. 象与骑象人：幸福的假设. 李静瑶，译. 杭州：浙江人民出版社，2012.

14. Roger R. Hock. 改变心理学的 40 项研究：探索心理学研究的历史. 白学军，等，译. 北京：中国轻工业出版社，2004.

15. C. R. 斯奈德，沙恩·洛佩斯. 积极心理学：探索人类优势的科学与实践. 王彦,等,译. 北京:人民邮电出版社,2013.

16. 索尼娅·柳博米尔斯基. 幸福有方法. 周芳芳,译. 北京:中信出版社,2014.

17. 马丁·塞利格曼. 活出最乐观的自己. 洪兰,译. 沈阳:万卷出版公司,2010.

18. 苏明明. 哈佛情商课. 北京:经济管理出版社,2012.

19. 泰勒·本-沙哈尔. 幸福的方法:哈佛大学最受欢迎的幸福课. 汪冰,刘骏杰,译. 北京:中信出版社,2013.

20. 吴晓波. 穿越玉米地. 杭州:浙江人民出版社,2002.

21. 郑雪. 幸福心理学. 广州:暨南大学出版社,2004.

22. 叶露. 执子之手,与子偕老——6000级阶梯奏响惊世骇俗的爱情之歌. 重庆行政:公共人物,2012(4):84-87.

23. 滕刚. 只追前一名. 北京:东方出版社,2010.

24. 陈昌凯,肖心月,张保军,等. 灾难性事件对幸福感的"积极"影响. 心理科学进展,2010,18(7):1104-1109.

25. 陈浩彬,苗元江. 积极人格研究概述. 北京教育学院学报(自然科学版),2008,3(2):14-17.

26. 邓凌,陈本友. 大学生时间管理倾向、主观时间压力与抑郁的关系. 中国心理卫生杂志,2005,19(10):659-661.

27. 段海军. 追寻生命的意义:积极心理学视野下的乐观主义价值. 心理学探新,2011,31(1):9-13.

28. 范翠英,孙晓军,刘华山. 大学生的时间管理倾向与主观幸福感. 心理发展与教育,2012,28(1):99-104.

29. 龚艺华,黄希庭. 大学生心理控制源与自我价值感的相关研究. 西南师范大学学报(人文社会科学版),2005,31(1):32-34.

30. 郭小艳,王振宏. 积极情绪的概念、功能与意义. 心理科学进展,2007,15(5):810-815.

31. 胡湜,顾雪英. 使命取向对职业满意度的影响——职业弹性的中介作用及工作资源的调节作用. 心理科学,2014,37(2):405-411.

32. 黄岗,秦启文,张永红. 大学生时间管理倾向与压力和睡眠质量的相关研究. 心理科学,2009,32(1):170-172.

33. 卢颖. 青少年宽恕状况及其对幸福感的影响研究. 南昌:南昌大学,2011.

34. 罗琴,张登浩,武艳俊. 宽恕与幸福感:人际关系困扰的中介作用. 心理学进展,2012,2(3):104-109.

35. 李宏利,张雷. 进化观点下的幸福研究. 心理科学进展,2010,18(7):1046-1051.

36. 李庆波. 大学生生活应激、社会支持与心理幸福感之关系研究. 石家庄:河北师范大学,2009.

37. 林恩·亨德森. 害羞与社交焦虑症:CBT 治疗与社交技能训练. 姜佟琳,译. 北京:人民邮电出版社,2015.

38. 马红霞,杨绍清,朱小茼,等. 大学生时间管理倾向及人际困扰与心理健康关系. 中国公共卫生,2011,27(9):1082-1083.

39. 马忆萌,孟勇,徐金英. 大学生时间管理倾向与学习倦怠的关系:自我效能感的中介作用. 现代预防医学,2014,41(17):3161-3164.

40. 秦启文,张志杰. 时间管理倾向与心理健康关系的相关研究. 心理科学,2002,25(3):360.

41. 沈清清,蒋索. 青少年的生命意义感与幸福感. 中国心理卫生杂志,2013,27(8):634-640.

42. 宋勃东,李永娟,董好叶,等. 无惧失败预测幸福:成就动机对心理幸福感的预测作用. 心理科学,2015,38(1):203-208.

43. 孙崇勇. 四平市初中生自尊在自我宽恕主观幸福感中的中介效应. 中国学校卫生,2015,36(8):1249-1251.

44. 王洪波. "成功只是手段,幸福才是目的"——访《幸福的方法》译者汪冰博士. 中华读书报,2007-12-05.

45. 汪宏,窦刚,黄希庭. 大学生自我价值感与主观幸福感的关系研究. 心理科学,2006,29(3):597-600.

46. 王静静,赵婷. 青少年乐观心理品质的影响因素浅析. 科教文汇(下旬刊),2009(12):77-77.

47. 温娟娟,郑雪,张灵. 国外乐观研究述评. 心理科学进展,2007,15(1):129-133.

48. 谢宝国,辛迅,周文霞. 工作使命感:一个正在复苏的研究课题. 心理科学进展,2016,24(5):783-793.

49. 徐鹏,周长城. 我国老年人主观幸福感的影响因素研究——基于 Anderson 健康行为模型的实证分析. 社会保障研究,2014(2):43-52.

50. 张春雨,韦嘉,张进辅,等. 师范生职业使命感与学业满意度及生活满意度的关系:人生意义感的作用. 心理发展与教育,2013(1):101-108.

51. 张陆,佐斌. 自我实现的幸福——心理幸福感研究述评. 心理科学进展,2007,15(1):134-139.

52. 张雯,郑日昌. 大学生主观幸福感及其影响因素. 中国心理卫生杂志,2004,18(1):61-63.

53. 郑莺. 文化与主观幸福感文献综述. 社会心理科学,2005(Z1):32-37.

54. 邹琼. 主观幸福感与文化的关系研究综述. 心理科学,2005,28(3):632-633.

55. 微信公众号:KnowYourself

56. Beach, L. R. *Image theory*: *Decision making in personal and organizational*

contexts. New York:Wiley,1990.

57. Deci,E. L. & Ryan,R. M. *Intrinsic Motivation and Self Determination in Human Behavior*. New York:Plenum,1985.

58. Fehr,B. *Friendship processes* (vol. 12). Los Angeles:Sage Publications,1995.

59. Robert Emmons. *Thanks:How Practicing Gratitude Can Make You Happier*, Reprint edition,Boston:Mariner Books,2008.

60. Stephen Marche. Is Facebook Making Us Lonely? *The Atlantic*,2012-5.

61. Aron, A. , Melinat, E. , Aron, E. N. , Vallone, R. D. & Bator, R. J. The experimental generation ofinterpersonal closeness: A procedure and some preliminary findings. *Personality and Social Psychology Bulletin*,1997,23(4):363-377.

62. Carmichael,C. L. ,Reis,H. T. & Duberstein,P. R. In your 20s it's quantity,in your 30s it's quality: The prognostic value of social activity across 30 years of adulthood. *Psychology and aging*,2015,30(1):95.

63. Duffy, R. D. , Allan, B. A. , Autin, K. L. & Bott, E. M. Calling and life satisfaction: It's not about having it, it's about living it. *Journal of Counseling Psychology*,2013,60(1):42-52.

64. Elangovan, A. R. , Pinder, C. C. & McLean, M. Callings and organizational behavior. *Journal of Vocational Behavior*,2010,76(3):428-440.

65. Festinger,L. ,Schachter,S. & Back,K. *The operation of group standards. Group Dynamics:Research and Theory*. New York:Row,Peterson and Company,1953:204-222.

66. Gerard, H. S. The importance of future time perspective in theories of work motivation. *The Journal of Psychology*,1998,132(2):154-169.

67. Karniol,R. & Ross,M. The motivational impact of temporal focus: Thinking about the future and the past. *Annual Review of Psychology*,1996,47:593-620.

68. Koehler, E. J. Explanation, imagination, and confidence in judgment. *Psychological Bulletin*,1991,110:499-519.

69. Leroy, A. S. , Murdock, K. W. , Jaremka, L. M. , Loya, A. & Fagundes, C. P. Loneliness predicts self-reported cold symptoms after a viral challenge. *Health Psychology Official Journal of the Division of Health Psychology American Psychological Association*,2017,36(5).

70. Li, N. P. & Kanazawa, S. Country roads, take me home to my friends: How intelligence, population density, and friendship affect modern happiness. *British Journal of Psychology*,2016,107(4).

71. Markus,H. & Nurius,P. Possible selves. *American Psychology*,1986,41:954-969.

72. Peterson. The Future of Optimism. *American Psychologist*,2000(1).

73. Peterson, C., Park, N., Hall, N. & Seligman, M. E. P. Zest and work. *Journal of Organizational Behavior*, 2009, 30(2): 161-172.

74. Praskova, A., Creed, P. A. & Hood, M. Self-regulatory processes mediating between career calling and perceived employ ability and life satisfaction in emerging adults. *Journal of Career Development*, 2015, 42(2): 86-101.

75. Reis, H. T., Maniaci, M. R., Caprariello, P. A., Eastwick, P. W. & Finkel, E. J. Familiarity does indeed promote attraction in live interaction. *Journal of personality and social psychology*, 2011, 101(3): 557.

76. Schneider. In Search of Realistic Optimism Meaning, Knowledge, and Warm Fuzziness. *American Psychologist*, 2011(3).

77. Simons, J., Vansteenkiste, M., Lens, W. & Lacante, M. Placing motivation and future time perspective theory in a temporal perspective. *Educational Psychology Review*, 2004, 16(2): 121-139.

78. Taylor, S. E, Kemeny, M. E., Reed, G. M., Bower, J. E. & Gruenewald T. L. Psychological resources, positive illusion, and health. *American Psychologist*, 2000, 55: 99-109.

79. Torrey, C. L. & Duffy, R. D. Calling and well-being among adults: Differential relations by employment status. *Journal of Career Assessment*, 2012, 20(4): 415-425.

80. Vaillant, G. E. *Triumphs of Experience*. Massachusetts: Belknap Press of Havard University Press, 2012.

81. Wang, W. C., Kao, C. H., Huan, T. C. & Wu, C. C. Free time management contributes to better quality of life: a study of undergraduate students in taiwan. *Journal of Happiness Studies*, 2011, 12(4): 561-573.

82. Weisz, C. & Wood, L. F. Social identity support and friendship outcomes: A longitudinal study predicting who will be friends and best friends 4 years later. *Journal of Social and Personal Relationships*, 2005, 22(3): 416-432.

83. Zuzanek, J. & Zuzanek, T. Of happiness and of despair, is there a measure? time use and subjective well-being. *Journal of Happiness Studies*, 2015, 16(4): 839-856.